하느님께 나아가는 정신의 여정 해설
- 작품에 나타나는 지식과 사랑 -

원문: 보나벤투라(S. Bonaventura), 작은 형제회(프란치스코회)
번역: 박장원, 작은 형제회(프란치스코회)

해설: 막시모 테돌디 Massimo Tedoldi 작은 형제회(프란치스코회)
해설 번역 및 편집: 이정환, 작은 형제회(프란치스코회)

제18차 프란치스칸 영성 학술 발표회

일시: 2016년 7월 4일~7월 6일
장소: 서울 정동 프란치스코 교육회관
주최: 작은 형제회 한국 관구 프란치스칸 사상 연구소

학술 발표 모음 8
하느님께 나아가는 정신의 여정

교회 인가 | 2017년 5월 24일
초판 1쇄 | 2017년 5월 31일
초판 2쇄 | 2021년 2월 6일

펴낸이 | 김상욱
만든이 | 조수만
엮은이 | 이정환
만든곳 | 프란치스코 출판사(제2-4072호)
주소 | 서울 중구 정동길 9
전화 | (02) 6325-5600
팩스 | (02) 6325-5100
이메일 | franciscanpress@hanmail.net

정가 10,000원
ISBN 978-89-91809-59-8 93230

하느님께 나아가는 정신의 여정 해설

- 작품에 나타나는 지식과 사랑 -

원문: 성 보나벤투라(S. Bonaventura), 작은 형제회(프란치스코회)
번역: 박장원, 작은 형제회(프란치스코회)

해설: 막시모 테돌디 Massimo Tedoldi, 작은 형제회(프란치스코회)
해설 번역 및 편집: 이정환, 작은 형제회(프란치스코회)

* 하느님께 나아가는 정신의 여정 원문: S. Bonaventura, 「Itinerarium mentis in Deum」, 『Opera Omnia』, V, 293-316, Ad Claras Aquas, Quaracchi, Ex typographia Collegii S. Bonaventurae, 1891.

이탈리아어 역본: S. Bonaventura, 『Itinerario della mente a Dio』, tr. da Elidoro Mariani ofm, LIEF-Vicenza, 1984.

한국어 번역: 이탈리아어 역본을 보고 번역하였다.

차례

『학술 발표 모음 8』을 발행하면서　7

제1부 바뇨레죠의 성 보나벤투라　11

제2부 하느님께 나아가는 정신의 여정과 해설　19

　서언　21

　1장 삼라만상 안에서 새겨진 하느님의 흔적을 통해 하느님을 관조함　30

　2장 감각 세계 안에 있는 하느님의 흔적 안에서 하느님을 관조함　45

　3장 자연적 능력 안에 새겨진 하느님의 모상을 통해 하느님을 관조함　59

　4장 은총의 선물로 쇄신된 하느님의 모상 안에서 하느님을 관조함　73

　5장 하느님의 첫째 이름인 존재를 통해서 하느님의 유일성을 관조함　85

　6장 하느님의 이름인 선 안에서 삼위일체 하느님을 관조함　95

　7장 인간 영혼의 탈혼: 지성은 휴식을 취하고 감성은 하느님께 완전히 사로 잡혀 그분 안에서 혼절한다　103

제3부 이글에 대한 몇몇 열쇠　115

『학술 발표 모음 8』을 발행하면서

지난 2016년 프란치스칸 영성 학술 발표회는 '성 보나벤투라의 『하느님께 나아가는 정신의 여정』'이라는 주제로 개최되었습니다. 이를 위하여 로마 성 안토니오 대학의 파비오 막시모 테돌디(Fabio Massimo Tedoldi, 작은 형제회) 교수를 초빙하였고, 그 교수의 도움으로 3일간 보나벤투라의 걸작 중 하나인 『하느님께 나아가는 정신의 여정』을 함께 배우고 느끼는 길을 걸었습니다. 지난 2016년 학술 발표회에는 250명이 넘는 성직자, 수도자, 평신도가 함께하며 보나벤투라 성인의 프란치스칸적 사랑과 지식에 심취하였습니다.

사실 우리 한국 프란치스칸과 한국 교회에 있어서 성 보나벤투라의 지혜와 사랑은 아직도 끝없이 연구해야 할 대상입니다. 보나벤투라는 생전에 굉장히 많은 작품을 남겼고, 그 모든 작품이 보석 같은 신학과 영성과 신비를 담지하고 있습니다. 실제로 보나벤투라의 신학과 영성은 이후 보나벤투라 성인을 연구한 후대 프란치스칸들을 통하여 전체 그리스도교 신학과 영성에 적지 않은 영향을 미쳤습니다. 이러한 프란치스칸-보나벤쳐리안Franciscan-Bonaventurian 전통은 오늘날에도 교회의 이곳저곳에서 계속해서 이어지고 있습니다. 예를 들어, 2015년에 공포된 프란치스코 교황의 사회 회칙 『찬미받으소서』를 천천히 뜯어 보면 프란치스코 성인의 영감과 영성뿐만 아니라 보나벤투라의 신학과 전망도 깊이 있게 전개되고 있다는 점을 어렵지 않게 보게 됩니다. 『찬미받으소서』 11항의 경우 프란치스코 성인의 생태적 전망을 논하면서 토마스 첼라노의 첫 번째 전기와 보나벤투라의 『대전기』에 나타난 피조물 영성과 신학을 조화롭게 배치하면서 우리 신자들의 피조물 영성 전망의 초석을 놓고 있습니다. 66항에서 교황 프란치스코는 피조물과의 화해 및 올바르고 조화로운 관계를 통한 치유라는 맥락을 설명하면서 보나벤투라의 『대전기』 중 한 구절을 인용합니다. 77항에서는 모든 피조물은 우리 인간이 하느님에게 이르기 위한 사다리 역할을 한다는 보나벤투라의 피조물 전망이 나타납니다. 83항에서는 이 세상은 인간의 여정 안에서, 인간의 여정을 통하여 하느님에게 돌아간다는 보나벤투라의 종말론적 사상이 드러납니다. 또한, 233항에서는 보나벤투라의 『제2 명제집』을 직접 인용하면서 외부 피조물에서 하느님을 만나는 법을 더 잘 이해하면 우리의 관상이 더 완전해진다는 전망을 이야기합니다. 238항에서는 "하느님 아버지께서는 모든 것의 궁극적 원천이시고 … 당신 자신을 알려주는 자애로운 분입니다."라고 서술하면서 보나벤투라의 『하느님께 나아가는 정신의 여정』과 여러 다른 작품 안에서도 발견되는 하느님의 자기 확산적이고 자기 통교적인 특성에 대한 서술의 맥락과 함께합니다. 마지막으로 239항에서는 보나벤투라의 『삼위일체의 신비에 관한 논쟁 문제』를 언급하며 모든 피조물은 그 안에 고유한 삼위일체 구조를 담고 있다고 말합니다. 이처럼 『찬미받으소서』 안에는 프란치스칸-보나벤쳐리안적인 전망이 풍성하게 담겨 있고, 그렇게 보나벤투라의 영성과 신학은 이 시대 안에서도 살아있는 것입니다.

 그러나 아직 우리 한국 교회에는 보나벤투라 성인의 영성과 신학이 널리 전파되고 있지 못하는 현실입니다. 보나벤투라가 작성한 수많은 주옥같은 작품 중 극히 일부만이 우리말로 번역되어 보급되고 있습니다. 이런 면에서 볼 때 한국의 프란치스칸 가족이 더 힘들이고 공들여 프란치스칸 전통의 기본적인 작품과 사료를 연구, 소개, 보급하도록 노력해야 한다고 생각합니다.

대부분의 보나벤투라 작품이 우리말로 번역되어 있지는 않지만, 『하느님께 나아가는 정신의 여정』은 복수의 우리말 번역 편집본이 보급되어 있습니다. 또한, 작은형제회 한국 관구의 이재성 보나벤투라 형제는 이 작품을 이전 번역본과는 달리 라틴어 원전에서 우리말로 직역하는 작업 중에 있고, 각주와 해설 작업도 충실히 하고 있습니다. 그 작업이 완결된다면 우리 전체 한국 프란치스칸들과 한국 교회에 큰 도움이 될 것으로 생각합니다.

『하느님께 나아가는 정신의 여정』은 보나벤투라 신학 영성의 정수가 담겨있는 짧은 책입니다. 1259년, 보나벤투라 성인은 파리를 떠나 이탈리아 토스카나 지방의 라 베르나 산으로 피정을 떠났습니다. 거기서 보나벤투라는 프란치스코 성인이 바로 그 장소에서 가졌던 심원한 체험과 오상을 묵상하였습니다. 이 묵상과 기도와 피정 안에서 보나벤투라는 프란치스코 성인을 하느님과 일치한 사람의 전형적인 모범으로 파악하였습니다. 그러한 통찰의 결과가 바로 『하느님께 나아가는 정신의 여정』의 뼈대를 이루었고, 곧 가톨릭 영성 독서의 걸작으로 집필되었습니다. 이 작품 안에서 우리 독자들은 성 보나벤투라가 개괄하는 성 프란치스코의 모범을 읽게 됩니다. 보나벤투라는 이 영적인 여정을 창조의 여섯 날을 본떠서 여섯 개의 여정으로 구분합니다. 각 여정은 하느님과의 관계에 있어서 새로운 국면을 담고 있습니다. 보나벤투라는 이 작품을 통하여 우리 주변의 창조계로부터 시작하여 우리 인간 내면세계를 지나 삼위일체 하느님의 거룩한 삶을 향해서 차근차근 전진해 나가는 신비 신학을 소개합니다. 이 신비 여정의 깊이와 통찰은 오늘날에도 여전히 우리 모두의 눈과 머리와 마음과 손발을 깨우는 힘을 지니고 있다고 믿습니다.

그러나 『하느님께 나아가는 정신의 여정』이라는 작품 자체는 인간의 영적 여정에 대한 '대단히 친절한 해설서'라고 평가하기에는 힘듭니다.

보나벤투라의 신학 영성이 무척 얇은 한권의 책으로 축약되어 있기 때문이고, 그 단계를 지날수록 내용이 난해하고 어려워지기 때문입니다. 따라서 전문가의 도움과 해설은 현대 독자들에게 필수적이라고 생각합니다. 이에 프란치스칸 사상 연구소에서는 2016년에 보나벤투라 전문가인 막시모 테돌디 교수를 초빙하여 작품에 드러난 보나벤투라의 지식과 사랑에 관해서 경청했습니다.

이 『학술 발표 모음 8』은 2016년에 있었던 프란치스칸 사상 연구소 주관의 "제18차 프란치스칸 영성 학술 발표회"의 최종 결과물입니다.

이 책자의 구성은 독자들이 더 쉽게 본문과 해설을 읽을 수 있도록 『하느님께 나아가는 정신의 여정』의 본문과 막시모 테돌디 교수의 해설을 교차해서 싣는 방식을 택했습니다. 원문은 박장원 필립보(작은형제회) 형제의 번역본을 택했고, 해설은 막시모 테돌디 교수의 발제를 이정환 대건 안드레아(작은형제회) 형제가 번역한 것입니다. 이 지면을 빌어 전체 프란치스칸 가족을 위해 큰 수고를 아끼지 않은 두 형제들에게 깊은 감사의 말씀을 드립니다.

이 책자 안에 담긴 보나벤투라의 본문과 테돌디 교수의 해설이 우리 모두의 하느님에게 나아가는 여정에 유용하고도 신비로운 열쇠가 되기를 희망합니다.

2017년 5월 23일
작은형제회 홍천 수도원에서
프란치스칸 사상 연구소 책임자
김일득 모세 형제

1부

바뇨레죠의 성 보나벤투라

1. 생애

요한 피덴짜, 미래의 보나벤투라 형제는 1217년에 바뇨레조에서 태어났고, 파리 대학의 인문학부를 다녔다. 1243년에 작은 형제회에 입회하여 알렉산더 헤일즈(Alessandro di Hales +1245)의 제자로, 로첼레의 요한(Giovanni de la Rochelle +1245), 오도 리갈디(Odo Rigaldi 1245-1248), 멜리토나의 굴리엘모(Guglielmo di Melitona 1245-1254)의 학문적 영향 속에서 5년간 신학을 공부하였다. 1248년부터 1250년까지 성경 요약을 공부하여 성경 학사(baccelliere biblico)가 되었다. 이어서 1250년부터 1252년 사이에 피에트로 롬바르도의 명제집을 연구하여 신학 명제집 학사(baccelliere sentenziario)가 되었다. 이듬해 학사로서 읽고 논쟁하고 강론하였다(lectio, disputatio, praedicatio). 1254년에 『그리스도의 지혜에 관한 논쟁적 질문들(Quaestiones disputatae de scientia Christi)』을 통해 교수 자격(licentia)을 얻었고, 1254년에서 1257년까지 'ad scholas fratrum'의 학장(Maestro reggente)을 역임했다.

1257년 2월 2일, 작은 형제회의 총봉사자로 선출되었고, 성 프란치스코(+1226)의 7번째 후계자가 되었다. 이 때문에 그는 교수의 직책을 놓아야 했지만, 연구는 지속하였다. 1273년 알바노의 주교로 서품받았고, 동시에 추기경에 서임되었다. 이듬해인 1274년 7월 15일, 리옹 공의회에 참석하던 중 세상을 떠났다. 1482년 성인으로 시성되었고, 1588년 교회 박사 칭호(세라핌 박사 Doctor Seraphicus)를 받았다.

2. 작품들

신학 작품(L'opera teologica)

- 명제집 주해 『Super Sententias』(1250-52, secondo l'ordine: IV, I, II, III)

- 신학요강 『Breviloquium』(1257)
- 논쟁적 질문들 『Quaestiones disputatae』: 『그리스도의 지혜에 관한 de scientia Christi』: (1254) – 『삼위일체의 신비에 대한 de mysterio Trinitatis』: (1254) – 『복음적 완성에 관한 de perfectione evangelica』: (1255-56)
- 하느님께 나아가는 정신의 여정 『Itinerarium mentis in Deum』(alla Verna, 1259-60)
- 학문들의 신학으로 환원 『De reductione artium ad theologiam』(1255-57)

강론집(I Sermoni)

- 평일 『De tempore』
- 축일과 주일 『De festis』
- 신학적인 것들 『De rebus theologicis』

모음집(Le Collationes)

- 십계명에 대한 『De decem praeceptis』(파리, 1267년 3월 6일 - 4월 17일)
- 성령의 선물에 관한 『De donis Sancti Spiritus』(파리, 1268년 2월 25일 - 4월 7일)
- 6일간의 창조에 대한 『In Hexaemeron』(파리, 1273년 4월 9일 - 5월 28일)

영적인 작품(L'opera spirituale)

- 삼중도(세 가지 길) 『De triplici via』(1259-60)
- 독백 『Soliloquium』(1257)
- 생명의 나무 『Lignum vitae』(1259-60) 등

프란치스칸 작품(L'opera francescana)

- 대전기 (소전기) 『Legenda Maior (et minor)』(1260-63)
- 가난의 변론 『Apologia pauperum』(파리, 1269 가을)

‣ 나르본 회헌 『Constitutiones Narbonenses』(1260) 등

성경적 작품(L'opera scritturale)

‣ 루카복음 주해 『Postille super Lucam』
‣ 집회서 주해 『Postille super Ecclesiasten』
‣ 지혜서 주해 『Postille super Librum Sapientiae』
‣ 요한복음 주해 『Postille super Ioannem』
‣ 요한복음에 관한 모음집 『Collationes super Ioannem』

모든 작품은 『Seraphici Doctoris Sancti Bonaventurae, Opera omnia』, 11 volumi, studio et cura PP. Collegii a S. Bonaventura, Ad Claras aquas, 1882 - 1902에 수록되어있다. 이탈리아 작은 형제회 관구봉사자들의 주도로 1990년부터 Città Nuova editrice는 이탈리아어 번역과 함께 『Opera omnia』를 발간 중이다(10권). 영어 번역본으로는 미국 성 보나벤투라 대학의 The Franciscan Institute에서 나온 『WORKS OF SAINT BONAVENTURE』 vol.1-17 시리즈가 있다.

3. 보나벤투라의 원천

당대 도서관이 특별히 풍요롭지는 않았지만, 다음과 같은 세 권의 책이 두드러진다. 『피에트로 롬바르도의 명제집(il Libro delle Sentenze di Pietro Lombardo)』, 『그라찌아노의 법령집(la Collezione canonica di Graziano)』, 『주석(la Glossa)』. 이 작품들은 전통을 중요하게 여기며, 때로는 이를 비판 없이 수용하기도 한다. 피에트로 롬바드로가 대표적 예이다. 그는 작품에서 다양한 저자의 작품들을 비교를 위해 나란히 놓는데(giustapposti/juxtapose), 이

에 불일치가 종종 나타난다. 이는 학자들의 해석에 논쟁거리를 제공하며, 이 논쟁은 확실한 출처(auctoritates, 성경과 교부들)가 어디인지를 두고 일어난다. 한편, 성 보나벤투라는 분명히 전대의 학자들인 오도 리갈디Odo Rigaldi와 성 대 알베르토(Sant'Alberto Magno)의 명제집 강의록(le Lecturae al Libro delle Sentenze)을 참고하였다.

아리스토텔레스

보나벤투라는 Sermo scientiae(Sermo Unus est magister, 18)를 위대한 철학자인 아리스토텔레스 덕분이라고 말한다. 보나벤투라의 작품은 1000번이 넘는 인용을 통해 아리스토텔레스의 논리학(Organon), 형이상학(Metafisica), 물리학(Fisica), 자연학(Libri Naturales), 영혼론(De anima), 윤리학(Etica), 수사학(Retorica)을 담고 있다.

보나벤투라는 1235년부터 1243년까지 다니던 파리 대학의 인문학부에서 아리스토텔레스를 공부하였다. 그는 과학자로서의 아리스토텔레스는 충분히 받아들였지만, 실재(realtà)에 대한 종교적 감각을 설명할 때에는 배제하였다. 그는 아리스토텔레스가 자신의 감각을 통한(in his sensibilibus) 실재(reale) 안의 근원을 인정하지만, 이것이 천상을 향하지 않고 있음을 비판한다.

성 아우구스티노

성 보나벤투라에게 성 아우구스티노는 교부 중에 가장 중요하며 성경을 제외하고 보나벤투라의 사상에 가장 큰 영향을 주었다(명백히 확인된 것만 3,000회가 넘는 인용을 하였음). 신학의 역할과 관련하여 두 사람 사이에는 암묵적 동의(connivenza profonda)가 있었고, 영적으로 관계를 맺고 있었다. 신학은 성경에 나타나는 신앙의 지식을 설명하고 근거를 들어 이성에 기여하는 것, 다시 말해 신앙에 대한 지식이다(intellectus quaerens fidem, 이해는 신앙을 추구한다). 더불어 신학은 통상적으로 영적인 가르침에서 발전하고, 신학의 단편적이고 불가해한 시각 때문에 은총을 통한 온전한 명확성을 기다리며, 신비적 시각의 필수적인 요소가 필요하다. 아우구스티노와 보나벤투라의 명확한 관계로 인해, 이들을 "아우구스티누스주의"로 보기도 하고, 어떤 글은 저자가 의심스러운 글로 여겨지기도했다. 이 가운데 『정신과 영혼에 대하여(De spiritu et anima)』가 중요하다.

위-디오니시우스 아레오파지타

이는 중세에 설명하기 어려운 현상이다. 세 명의 디오니시우스에 대한 혼란을 지닌 생 데니의 아빠스(Abate di Saint-Denys)의 오류로 돌아가보면, 사도 바오로의 회개자, 파리의 교회를 세운 설립자, 그리고 코르푸스 아레오파지티쿰Corpus areopagiticum이라고 불리는 익명의 저자가 있었다. 이 가운데 마지막은 6세기 시리아의 저술가로 여겨진다. 보나벤투라의 작품에 나타나는 그의 영향은 부정신학, 무지의 지(박학한 무지), 위계개념, 위계화 - 위격적 삼중 행위 또는 삼중도 - 초월의 최고 감각 등에서 나타난다. 이는 학문적으로 250회 정도 인용되었다.

성 안셀모

보나벤투라는 『독어록獨語錄 Monologion』과 『대어록對語錄 Proslogion』의 저자를 교의적 형이상학을 설명하는 데 받아들였다. 약 300번의 인용은 fides quaerens intellectum(신앙은 이해을 추구한다)의 과정, 올바름(rectitudo)의 개념, '안셀모 주의'의 주제들에 대한 그의 관심을 드러낸다. 성 안셀

모에 의하면 이데아Idea는 생각 속에 있는 존재의 현존 방식(modo di presenza dell'essere nel pensiero)이 아니다.

성 베르나르도

설교의 대가인 꿀처럼 달콤한 박사(Doctor Mellifluus)로부터 모상, 비하, 겸손, 특히 앎은 사랑이라는 지혜에 관한 모든 주제가 보나벤투라에게로 왔다. 보나벤투라는 베르나르도를 약 500여 회 인용하였다.

생 빅토르 학파: 생 빅토르의 후고와 리카르도

12세기 초, 중세 파리의 문 근처에서 샹포의 기욤이 창설한 빅토르 학파에서 두 가지 대표적 사상, 즉 설교와 관상이 나타난다. 보나벤투라는 특히 논증/추론의 대가인 후고를 연구하였고, 본질적으로 그리스도교 신앙을 역사로 받아들이게 하는 교리의 역동적인 특성을 존중하였다. 그리고 삼위일체에 대해서는 관상의 대가인 리카르도Riccardo를 참고한다.

성 보나벤투라의 작품에 대한 설명은 다음을 참조하라. Iacques-Guy Bougerol, 『San Bonaventura』, L.I.E.F. Vicenza, 1988.

2부

하느님께 나아가는 정신의 여정과 해설

서언

1. 빛들의 아버지께 간구함[1]

이 여정을 시작하면서 영원하신 아버지께, 제일 원리이시며 빛의 아버지께, 온갖 선과 완전한 선물을 주시는 분께(야고 1,17 참조) 간구한다. 그분으로부터 온갖 조명이 우리 위에 내려오시니, 우리 주 예수 그리스도를 통하여, 하느님의 어머니이시고 주 예수 그리스도의 어머니이신 지극히 거룩하신 동정녀 마리아의 중재로, 또 우리 지도자요 사부이신 복되신 프란치스코의 중재로 우리 정신의 눈을 밝혀 주시어(에페 1,18 참조) 모든 이해력을 넘어 존재하는 저 평화의 길로 우리의 발걸음을 인도해 주시기를(루카 1,79; 요한 14,27 참조) 간구한다.

이 평화는 우리 주 예수 그리스도에 의해서 선포되고 주어진 것이다. 나중에 우리 사부 프란치스코에 의해서 그 평화는 선포되었다. 그는 설교할 때마다 평화로 시작하고 평화로 마쳤으며, 인사할 때마다 평화를 기원하였고, 관조할 때마다 황홀경으로 이끄는 평화를 갈망하였다. 그는 벌써 저 예루살렘의 시민이 된 것 같았다. 평화의 그 사람은 "평화를 미워하던 자들 사이에서 평화로웠기에"(시편 119,6), "예루살렘 위하여 평화를 빌어라"(시편 121,6)라고 말하였다. 그는 솔로몬의 왕좌가 평화 위에 세워져 있음을 알았다. 성경에, "살렘[평화]에 그분의 초막이, 시온에 그분의 거처가 마련되었네"(시편 75,3)라고 쓰여 있다.

---

1 편집자 주: 각 항의 제목은 원문의 역자인 박장원 필립보 형제가 붙인 것임을 밝힌다.

2. 성 프란치스코: 모델이며 지도자

가난한 죄인이요, 성인이 돌아가신 후 일곱 번째 총장이 된 부당한 나도 사부 성 프란치스코의 모범을 따라 그 평화를 찾고 있었다. 그런데 하느님의 은총이 찾아왔으니, 성인의 서거 33주년 때, 그가 하늘 나라에 올라가신 날에 즈음하여 고요한 곳 라 베르나 산에 올라가 피정하게 되었다. 거기서 나는 평화를 간절히 찾았다. 거기에 머무는 동안 나는 하느님께 올라가는 영적인 상승에 대해 골몰하였는데, 갑자기 성인에게 일어난 기적이 생각났다. 즉 십자가에 못 박히신 분의 모습을 띤 날개 달린 세라핌에 대한 환시가 떠올랐다. 그 환시를 묵상하는 동안, 나는 그것이 분명히 사부의 관조적 황홀 상태를 보여 주고, 또 거기에 도달하는 길을 보여 준다고 생각하였다.

<해설>

서언에서 보나벤투라는 이 작품을 쓰게 된 동기를 밝힌다. 작은 형제회의 총봉사자로서 그는 고요와 평화 속에 머물 시간이 필요했고, 이에 라 베르나 산으로 올라갔다. 1224년 죽음을 2년 앞두고 성 프란치스코는 같은 산을 올랐다. 여기에서 그는 십자가 형상의 세라핌을 보았고, 신비로운 오상을 받았다. 보나벤투라도 같은 신비와 성 프란치스코가 체험한 마지막 단계인 황홀경을 보았다. 이는 하느님께 도달하는 확실한 길이며 관상의 정점이다.

3. 여섯 가지 조명

우리는 세라핌의 여섯 날개 안에서 영혼이 마치 크리스천 지혜의 황홀경을 통해 평화에 도달하는 데 사용할 수 있는 단계나 여정으로 여섯 개의 빛나는 상승을 끄집어낼 수 있다. 그런데 여기에 도달하기 위해서는 십자가에 못 박히신 분에 대한 열렬한 사랑 외에 다른 길은 없다. 그 사랑이 사도 바오로를 "셋째 하늘까지"(2코린 12,2) 사로잡아 갔으며, 그를 그리스도의 사람으로 변형시켰다. 그는 이렇게 말했다. "나는 그리스도와 함께 십자가에 못 박혔습니다. 이제는 내가 사는 것이 아니라, 그리스도께서 내 안에 사시는 것입니다"(갈라 2,19-20). 똑같은 사랑이 프란치스코의 영혼을 완전히 사로잡아 그의 마음속에 있었던 것이 그의 육신에 나타나 눈에 보일 정도였다. 그는 돌아가시기 2년 전부터 예수 수난 상처를 몸에 지니고 살았다. 세라핌의 여섯 날개의 모습은 피조물에서 시작하여 하느님께 도달하는 여섯 가지 단계적 조명을 의미한다. 그러나 누구도 십자가에 못 박히신 분을 통하지 않고서는 하느님께 이를 수 없다. "문으로 들어가지 않고 다른 데로 넘어 들어가는 자는 도둑이며 강도"(요한 10,1)이기 때문이다. "누구든지 그분을 거쳐서 들어가면 안전하고 마음대로 드나들며 좋은 풀을 먹을 수 있다"(요한 10,9). 이 때문에 요한은 묵시록에서 밝히기를, "자기 두루마기를 어린양의 피로 깨끗이 빠는 사람들은 행복하다. 왜냐하면 그들은 문을 거쳐 도성에 들어가 생명의 나무를 차지할 권세를 받기"(묵시 22,14) 때문이라고 했다. 다른 말로 하면 어린양의 피를 통해 그 문을 통과하지 않으면 관조를 통해 천상 예루살렘에는 들어갈 수 없다는 뜻이다. 따라서 다니엘과 같은 '간절한 기도의 사람'(다니 9,23 참조)이 아니면, 영혼의 황홀경에 이르는 신적 관조는 어디에도 없다. 우리 안에 열망을 일으키는 것이 두 가지가 있는데, 하나는 "끙끙 앓는 제 심장에서"(시편 37,9) 터져 나오는 '탄식 기도'이고, 다른 하나는 영혼을 빛의 광선에 직접 강렬하게 향하게 하는 '관조의 광휘'이다.

<해설>

세라핌의 여섯 날개를 통해 여섯 가지 상승의 방식이 영혼에 빛나는 은총으로

드리워졌고, 이는 평화로 나아가는 연속적인 여섯 단계를 오르는 것과 같았다. 그러므로 이 여섯 날개는 피조물에서 출발하여 하느님께 도달하는 여섯 조명의 계단이다(sex illuminationes scalares). 그 누구도 십자가에 못 박히신 분을 통하지 않고서 그곳에 들어갈 수 없다. 계단을 오르는 여정은 열망, 원의에서 시작한다. 이는 마음에서 울려 퍼지는 기도의 탄성(per clamorem orationis)과 사색의 빛(per fulgorem speculationis)으로 타올라 정신이 빛의 광채를 향한다.

4. 정화된 영혼

나는 무엇보다도 먼저 독자들에게 십자가에 못 박히신 그리스도께 탄식 기도를 하라고 요청한다. 그의 피로써 우리는 "죄를 깨끗이 씻"(히브 1,3)겼기 때문에, 통회 없는 독서는 충분하지 않고, 열정 없는 관조도, 경탄 없는 탐구도, 환희 없는 신중도, 신심 없는 활동도, 사랑 없는 학문도, 겸손 없는 지성도, 은총 없는 연구도, 지혜 없는 반성도 충분하지 않다는 것을 알아야겠다. 그러므로 나는 하느님의 은총을 받은 사람들, 겸손하고 신심 깊은 사람들, 통회하는 사람들, 헌신적인 사람들, "기쁨의 기름"(시편 44,8)을 받은 사람들, 하느님의 지혜를 사랑하는 사람들, 지혜에 대한 열망으로 불붙은 사람들에게, 그래서 하느님을 찬미하고, 감탄하고, 맛보려고 작정한 사람들에게 이 반성적 작품을 헌정하면서, 여기에 제안하는 외부적 거울은 우리 영혼에 존재하는 거울이 맑고 깨끗하게 닦여 있지 않으면 별로 또는 아무런 가치가 없다는 것을 알리고 싶다.

헌신적인 영혼이여, 눈을 들어 그 거울에 반사되는 지혜의 광선을 쳐다보기 전에, 양심을 통회하도록 힘쓸지니, 너무 밝은 광선을 고찰하다가 아주 깊은 어둠 속에 빠지지 않도록 주의해야 하기 때문이다.

<해설>

여기서 보나벤투라는 독자들에게 자기 안에서 작용하는 심적(cordiale) 준비와 정신의 풍요로움과 마음의 풍요로움을 일치시키는 지적(intellecttuale) 준비를 하도록 초대한다. "도유 없는 독서, 신심 없는 사변, 감탄 없는 탐구, 기쁨 없는 관찰, 신심 없는 근면, 사랑 없는 지식, 겸손 없는 지혜, 하느님의 은총이 없는 공부, 하느님의 지혜가 비치지 않은 거울을 그 자체로 충분하다고 여겨서는 안 된다."[2]

계시가 "영적 생활 양식이 된다"는 중요성을 알리기 위해 공의회 문헌 『온 교회의 열망 Optatam totius(사제 양성에 관한 교령)』, 16항에 이 부분을 인용하였다.[3] 보나벤투라의 이 글은 교황의 가르침에 많이 인용되었다. (참조: 요한 바오로 2세가 여정에 관한 심포지움에 참석한 이들에게 보낸 편지(라 베르나, 1988); 『신앙과 이성(Fides et ratio)』, 105항(사도적 서한의 결론 가운데).

도유 없는 독서,
신심 없는 사변,
감탄 없는 탐구,
기쁨 없는 관찰,
신심 없는 근면,

---

2   서언, 4: "Ne forte credat quod sibi sufficiat lectio sine unctione, speculatio sine devotione, investigatio sine admiratione, circumspectio sine exultatione, industria sine pietate, scientia sine charitate, intelligentia sine humilitate, studium absque divina gratia, speculum absque sapientia divinitus inspirata"; 제2차 바티칸 공의회 문헌, 한국천주교중앙협의회, 861쪽. 편집자 주: 본문은 역자 박장원 필립보 형제의 번역이며, 해설은 제2차 바티칸 공의회 문헌의 번역을 따랐음을 밝힌다.
3   참조:『사제 양성에 관한 교령』, 16항, "신학생들이 하느님의 명확한 계시에서 길어 올린 가톨릭 교리를 깊이 이해하고 자기 영성 생활의 양식으로 삼도록"의 각주 32에서 성 보나벤투라의 글을 인용한다(편집자 주).

사랑 없는 지식,
겸손 없는 지혜,
하느님의 은총이 없는 공부,
하느님의 지혜가 비치지 않은 거울을
그 자체로 충분하다고 여겨서는 안 된다.

첫 9개의 용어와 대응하는 것들은 상호 보완적이라는 결과가 명확하다. 후자들은 주로 들음 및 연구와 관련이 있고, 전자들은 내적 관계를 언급한다. 이러한 선물(dato)을 받는 것은 학자들의 인격을 성장시키는 영적 양식이 된다. 이렇게 보나벤투라에게 참된 인식은 감사하는 것이고, 완전히 깨달은 이는 기쁨, 경탄, 사랑과 겸손의 열매 안에서 깨달은 진리를 찬양하는 것이다. 마지막 단어인 지혜(sapientia)는 지성에서부터 경험까지 모든 인식의 표현들을 한데 모은 개념으로 다른 모든 용어를 함축한다. 보나벤투라의 어원 연구에 따르면, 지혜는 맛과 관련이 있다. 그러므로 풍미 가득한 인식을 말한다. 이에 현자는 진리의 미식가이다. 왜냐하면, 그는 지혜를 함유하고, 그것을 먹는 것처럼 자신의 것으로 만들기 때문이다. 또한 '하느님을 맛봄'을 같은 문단에서 언급한다.

5. 작품 구분

이 작품을 일곱 장으로 구분하고 장마다 소주제를 붙여 내용의 이해를 돕는 것이 좋겠다고 생각한다. 그러므로 부탁하고 싶은 것은 작품의 결과보다는 저자의 좋은 의도를 더욱 생각해 주시고, 단순히 표현된 언어보다는 저서의 의미를, 문체의 우아함보다는 저서의 진리를, 지적인 교양보다는 의지의 역할을 더 중요하게 생각해 달라는 것이다. 이렇게 하기 위해서는 이 반성적 작품을 급하게 읽어 버리지 말고, 아주 천천히 읽으면서 되새김질할 필요가 있다.

서언이 끝남.

가난한 자의 묵상이 사막에서 시작된다.

<해설>

서언은 이렇게 결론을 내고 있다. 본문은 7장으로 구성된다. 사실 여섯 장은 세라핌의 여섯 날개에 병행한다. 그리고 관상의 평화 속에 머무르는 곳인 상승의 마지막 장을 추가한다. 저자는 독자들이 이 작품을 읽을 때 작품의 결과보다 저자의 의도, 형식(틀) 보다 행간(함의), 화려함 보다 진리, 지적인 능력보다 마음의 움직임을 염두해야 한다고 알려 준다. 마지막으로 보나벤투라는 급하게 읽지 말고 천천히 여유를 갖고 심사숙고하며 읽도록 독자들을 초대한다.

서언의 종합

- 움직임의 방향이 분명하다.
  제일 원인(Primo Principio)에게서 빛의 하강이 나온다. 이를 향해 인간은 상승의 여정을 시작한다.

- '평화'라는 단어는 서언의 처음부터 편재한다. 첫 장에서만 10번 쓰였다.
  여기서 평화의 하강은 주어짐이고, 평화의 상승은 행함이다. 사랑은 평화를 찾는다. 평화를 찾는 것은 인식적이고 열매를 맺는 단계로, 완성을 향한 모든 긴장의 형태를 포함한다.

- '여정'이라는 단어:

서언의 시작에서 첫 번째 움직임을 보게 되는데, 바로 하강/내려옴이다. "시작하면서 제일 원리, 모든 빛이 흘러나오는 빛의 아버지…", '하강하다/내려오다'를 첫 동사로 사용한 이 부분이 작품의 첫 번째 단어들이다. 하강은 상승의 토대이다. 이는 우리가 하느님을 향한 여정을 가능하게 하는 하느님께서 시작하신 우리를 향한 여정이다. 왜냐하면, 이 여정은 길이시며 하강과 상승의 통로이신 그리스도를 통해 가능하기 때문이다. 하느님으로부터 피조물에로, 피조물로부터 하느님께로 되돌아가는 여정 속에서 우리 순례자들은 빛나는 눈을 지닐 수 있는 은총을 청한다, "평화의 길로 우리의 발걸음을 인도해 주시기를"(서언 1). 이 길은 이러한 바람과 원의를 통한 올라감이자 상승이기에, 의무적이며 강압적인 여정이 아니다.

여정의 각 장[4]

삼라만상 안에 새겨진 하느님의 흔적을 통해 하느님을 향해 단계적으로 올라가고 바라봄(de gradibus ascensionis in Deum et de speculatione ipsius per vestigia eius in universo)

감각 세계 안에 있는 하느님의 흔적 안에서 하느님을 바라봄(de speculatione Dei in vestigiis suis in hoc sensibili mundo)

우리의 자연적 능력 안에 새겨진 하느님의 모상을 통해 하느님을 바라봄(de speculatione Dei per suam imaginem naturalibus potentiis insignitam)

---

4 편집자 주: 각 장의 제목은 본문과 번역이 다르나, 전반적인 의미의 전달은 동일하다.

은총의 선물로 쇄신된 하느님의 모상 안에서 하느님을 바라봄(de speculatione Dei in sua imagine donis gratuitis reformata)

하느님의 첫째 이름인 존재를 통해 거룩한 일성을 바라봄(de speculatione divinae unitatis per eius nomen primarium, quod est esse)

하느님의 이름인 선 안에서 지극히 거룩한 삼위일체를 바라봄(de speculatione beatissimae Trinitatis in eius nomine, quod est bonum)

정신적이며 신비적인 넘어감, 이에 지성에게 휴식을 주며 탈혼을 통해 감성이 온전히 하느님 안으로 넘어감(de excessu mentali et mystico, in quo requies datur intellectui, affectu in Deum per excessum totaliter transeunte.)

그러므로:
하느님의 흔적(vestigia)을 통해서(per)
하느님의 흔적(vestigiis) 안에서(in)
모상(imaginem)을 통해서(per)
모상(imagine) 안에서(in)
이름(nomen)을 통해서(per)
이름(nomine) 안에서(in)
안에서 그리고 통해서(in e per), 넘어감 안에서(in excessu), 넘어감을 통해서(per excessem)

제1장

삼라만상 안에 새겨진
하느님의 흔적을 통해 하느님을 관조함

1. 기도의 필요성

"주님, 순례의 길을 떠날 적에, 눈물의 골짜기를 지나면서 주님께 힘을 얻는 자 복되오니"(시편 83,6-7).

행복은 최고선을 누리는 것 이외에 다른 것이 아니고 최고선은 우리 너머에 있으니 우리 자신을 위로 들어 높이지 않는 한, 몸으로가 아니라 마음으로 그렇게 하지 않는 한, 아무도 행복을 얻을 수 없다.

그러나 우리를 들어 높이는 상위의 힘이 없으면 우리 자신을 넘어 위로 올라갈 수 없다. 하느님의 도우심이 동반되지 않으면 아무리 내면적 단계들을 계획해도 소용이 없다. 그런데 하느님의 도우심은 겸손하고 헌신적인 마음으로 그것을 찾는 이에게 주어진다. 그러기에 이 '눈물의 골짜기에서는' 열렬한 기도로써 그분을 갈망해야 한다.

기도는 모든 영적 상승의 어머니요 원천이다. 위(僞) 디오니시오는 그의 저서 『신비 신학』에서 관상의 최고 단계에 도달하려면 먼저 기도할 것을 강조하였다.

그러므로 우리 주 예수 그리스도께 기도하자. "주님, 당신의 길을 가르치소서, 제가 당신의 진리 안에 걸으오리다. 당신 이름을 경외하도록 제 마음을 모아 주소서"(시편 85,11).

<해설>

행복은 최고선의 즐거움(fruitio summi boni)이다. 최고선(summum bonum)은 우리 너머(supra nos)에 있다. 그러므로 우리는 저 너머를 향해 올라가야 한다(ascendere supra). 그러나 우리 스스로는 우리를 올려주는 상위의 힘이 없으면 올라갈 수 없다. 여기서 하느님의 도우심(divinum auxilium)이 필요하다. 이에 하느님께 기도해야 한다. "기도는 모든 영적 상승의 어머니요, 원천이다(Oratio igitur est mater et origo sursum-actionis)."

2. 우리 밖에서, 우리 안에서, 우리 위에서

이렇게 기도함으로써 우리 영혼은 벌써 빛을 받아 하느님께 올라가는 상승의 단계들을 인식하게 된다.

현재 우리가 처해 있는 상황과 조건을 보면 모든 실재는 하느님께 올라가는 사다리다. 어떤 것은 '흔적'이고, 어떤 것은 '모상'이고, 어떤 것은 '물질적'이고, 어떤 것은 '영적'이고, 어떤 것은 '시간적'이고, 어떤 것은 '영속적'이다. 따라서 어떤 것은 우리 '밖에' 있고 어떤 것은 우리 '안에' 있다.

'최고로 영적'이고 '영원'하시며 '우리 위에 계신' 제일 원리에 도달하기 위해서는 먼저 물질적이고 시간적이며 우리 '밖에' 있는 '흔적'을 통해서 '건너가야' 한다. 이것은 우리 밖에서 추적하여 하느님의 길로 올라가는 것이다. 그다음은 '하느님의 모상'이고 '불사불멸'하며 '영적'이고 '내적'인 우리 영혼 안으로 '들어가야' 한다. 마지막으로 우리 '위에' 있는 제일 원리를 바라보면서 '영원'하고 '최고로 영적'인 것을 향하여 올라가야 한다. 이것이 '하느님을 인식하면서' 기뻐하는 것이고 '그분의 위엄을 경외하는 것'이다.

<해설>

이렇게 기도하면서 우리는 빛의 조명으로 하느님께 올라가는 단계들을 깨닫게 된다. 여기서부터 모든 존재는 우리를 하느님께로 이끄는 필수적인 계단(scala)이 된다.

- 하느님의 흔적을 통해 나아감 - 우리의 정신으로 들어감 - 영원으로 넘어감
(transire per vestigium, - intrare ad mentem nostram, - trascendere ad aeternum) (43쪽 도표 참조)

3. 삼중적인 의미

이것이 '사막에서의 사흘 길'(탈출 3,18 참조)이다. 이것이 하루 전체의 삼중적인 빛이다. 첫째 빛은 황혼의 빛이요, 둘째 빛은 새벽의 빛이요, 셋째 빛은 대낮의 빛이다.

이것은 또한 사물의 삼중적인 존재 방식을 표현하고 있으니, 성경에 기록되어 있는 대로 '생겨라, 생기게 하셨고, 생겨났다'(창세 1,3 참조). 이것은 또한 우리의 사다리이신 그리스도의 삼중적인 실체적 존재를 상기시키니, 물적, 영적, 신적 실체가 그것이다.

<해설>

이 부분은 삼일간의 여정, 삼중 빛(vespera, mane, meridies), **실체의 삼중태**(in materia, in intelligentia, in arte aeterna)를 말한다.

존재의 진리는 오직 영원한 학문(arte aeterna)에 존재한다. 알 수 있는 것에서 (ex parte scibilis) 정통한 것으로 갈 때(in parte scientius), 이러한 인식을 불가능하게 하는 결점, 장애가 생긴다. 어떤 것을 인식하기 시작할 때, 사실 거기에는 그것의

불변성(immutabilità)과 일치하지 않는 불안정성(mutevolezza)이 있다. 지성으로 인식하는 사람의 이러한 결점, 장애는 인식 체계의 불완전성으로부터 나온다.[5] 그리스도의 삼중 본질(육체적corporalis, 영적spiritualis, 신적divina)은 상승을 위한 계단이다(43쪽 도표 참조).

4. 정신의 세 가지 측면

이러한 삼중적인 과정에 따라 우리 영혼도 세 가지 측면을 지니고 있다. 첫째는 외부적이며 물체적인 사물로 향하기에 '동물성' 내지 '감각성'이라 불린다. 둘째는 내부적이며 자신 안으로 향하기에 '영'이라 불린다. 셋째는 자신을 넘어가는 것이기에 '정신'이라 불린다.

이렇게 영혼은 하느님께 올라가는 데 철저한 준비를 해서, "네 마음을 다하고 네 목숨을 다하고 네 정신을 다하여 주 너의 하느님을 사랑해야 한다"(마태 22,37).

이것이 율법의 완전한 준수이고 크리스천의 지혜이다.

<해설>

보나벤투라는 영혼의 삼중 측면, '감각성(sensuaitas), 영(spiritus), 정신(mens)'과 사랑의 삼중 방식, '마음을 다하고(ex toto corde), 영을 다하고(ex tota anima), 정신을 다하고(ex tota mente)'를 설명한다(43쪽 도표참조).

---

5 참조: il 'Sermo' Unus est magister vester Christus, 6; ed anche il Sermo dominicalis 49,4.

5. 상승의 여섯 단계

위에 설명한 세 가지 방식은 두 배로 증가하니, 그 이유는 하느님이 동시에 "알파요 오메가"(묵시 1,8)이시기 때문이다. 달리 말하면 각각의 방식에서 하느님을 두 가지 방식으로, 즉 '거울을 통해서', 또 '거울 안에서' 관조하기 때문이다. 다시 말해서 각각의 고찰을 연관된 다른 고찰과 섞어 다룰 수도 있고, 아니면 순수하게 그 자체로 다룰 수도 있기 때문이다. 따라서 중요한 세 단계는 여섯으로 늘어날 필요가 있다. 같은 식으로 하느님께서 '엿새' 동안 '우주'를 창조하시고 이렛날에는 쉬신 것처럼, '소우주'인 인간도 연속적으로 '여섯' 단계를 조명한 후에 마지막에는 관상의 고요함에 이르게 된다.

이에 대한 예표로, 솔로몬의 옥좌에 올라가는 데 '여섯' 계단이 있었고(1열왕 10,19 참조), 이사야가 본 것처럼 세라핌은 '여섯' 날개를 지녔고(이사 6,2 참조), 주님은 '엿새'가 지난 다음에 '구름 속에서 모세를 부르셨고'(탈출 24,16 참조), 예수님은 '엿새' 후에 '제자들을 산으로 데리고 가서 그들 앞에서 변모하셨음'(마태 17,1 참조)을 들 수 있다.

<해설>

시작 부분의 세 단계는 여섯 단계로 늘어난다. 이에 하느님을 바라봄(speculatio Dei)은 거울을 통해서(per speculum)세 번, 거울 안에서(in speculo)세 번으로 이루어진다.

참조:『명제집 주해(In I Sent.)』, d.3, p.I-II; I, 63-66: "때로는 피조물 안에서 하느님을 인식하고, 때로는 피조물을 통해 하느님을 인식한다. 피조물 안에서 하느님을 아는 것은 그 현존과 영향을 아는 것이다. 피조물을 통해서 하느님을 아는 것

은 사다리를 이용해 피조물을 아는 것에서 하느님을 아는 것으로 올라가는 것과 같다."

6. 영혼의 능력 안에 있는 여섯 단계

하느님께 '올라가는' 여섯 단계에 상응하여 영혼의 '능력'도 여섯 단계로 되어 있다. 이 단계를 통해서 영혼의 능력은 최하급에서 최상급으로 올라갈 수 있고, 외면에서 내면으로, 시간적인 것에서 영원한 것으로 올라갈 수 있다. 그것은 곧 '감각, 상상, 이성, 지능, 지성, 정신의 절정 혹은 양심 불'이다.

이 단계들은 본성적으로 우리 안에 박혀 있는데, 죄로 인하여 일그러졌고, 은총으로 재생되었다. 따라서 그것들은 정의로 정화되어야 하고, 학문으로 연마되어야 하고, 지혜로 완전해져야 한다.

<해설>

상승의 여섯 단계는 영혼이 지닌 능력의 다음의 여섯 단계에 부합한다. 감각(sensus), **상상**(imaginatio), **이성**(ratio), **오성**(intellectus)[6], **지성**(intelligentia), **정신의 정점 또는 양심의 불꽃**(apex mentis seu synderesis scintilla) (43쪽 도표 참조).

참조: 영혼에 대한 논의의 위대한 개화, 13세기 초의 위대한 학자들이 쓴 논문들 가운데 다음의 두 논문이 보나벤투라에게 큰 영향을 주었다. 『영혼의 힘과 그 대상(De potentiis animae et eius obiectis)』, 『영혼과 그 힘'(De anima et de potenciis eius)』

---

6 편집자 주: 본문에서는 '지능'으로 번역되어있으나, 원문은 'intellectus', 지력, 지능, 오성 등의 뜻을 갖는 단어이다. 이에 해설에서는 오성으로 번역하였음을 밝힌다.

7. 신학의 세 가지 방법

태초에 심어진 본성에 따르면 인간은 관상적인 고요함을 누릴 능력을 갖도록 창조되었기에 '동산에 살게 되었다'(창세 2,15 참조). 그런데 인간은 참 빛에서 점점 멀어져 변질되는 선으로 기울더니, 죄로 타락하였으며, 결국 원죄로 인류 전체를 실추시켜 인간 본성을 두 가지 방식으로 오염시켰다. 즉 정신을 무지로, 육신을 탐욕으로 오염시켰다.

눈멀고 탐욕적인 인간은 어둠 속에 앉아 있고, 천상의 빛을 볼 수 없게 되었다. 그래서 은총이 필요했으니, '탐욕'을 막아 내는 정의가 필요했고, '무지'를 막아 내는 지식과 지혜가 필요했다. 이 모든 것이 예수 그리스도를 통하여 가능하게 되었으니, 그분은 하느님에게서 오셔서 우리를 위하여 "지혜가 되시고, 의로움과 거룩함과 속량이 되셨다"(1코린 1,30). 그분은 하느님의 '능력이며 지혜이고', 육화되신 말씀으로서 '은총과 진리가 충만하셨으며, 은총과 진리를 주시는' 분이시다. 그분은 '순결한 마음과 착한 양심과 신실한 믿음에서' 나오는 저 '사랑의 은총을' 부어 주시며, 위에서 설명한 세 가지 단계로 영혼을 올바르게 인도하신다. 영혼에 세 가지 종류의 신학, 즉 '상징적' 신학, '고유한 의미에서의' 신학, '신비적' 신학에 따라 '진리의 학문을' 주셔서, 우리는 '상징적' 신학으로써 감각적 사물을 올바로 사용할 수 있으며, '고유한 의미에서의' 신학으로써 지성적 사물을 올바로 사용할 수 있으며, '신비적' 신학으로써 초 정신적인 황홀경으로 들어가게 되었다.

<해설>

천상의 달콤함(paradisum deliciarum)을 잃어버리게 한 인간의 타락은 정신의 무지와 육체의 탐욕으로 인간 본성에 상처를 주었지만, 진리의 지혜를 주는 그리스도로의 교정 활동으로 신학의 세 가지 요소에 따라 회복되었다.

- 상징: 감각적 사물을 올바로 사용함으로써(recte utamur sensibilibus)

- 문자 그대로의 신학(고유한 의미에서의 신학): 지적인 사물을 올바로 사용하게 하는 은총(recte utamur intelligibilibus)

- 신비적 신학: 초정신적 넘어감으로 빠져듦으로써(rapiamur ad supermentales excessus). (43쪽 도표 참조)

8. 기도, 거룩한 삶, 진리 탐구

하느님께 올라가고자 하는 사람은 본성을 일그러뜨린 죄를 피하고, 기도함으로써 위에서 설명한 자연적 능력들을 '재생시키는 은총'으로 기울게 하고, 선행을 행함으로써 '정화시키는 정의'로 기울게 하고, 관상함으로써 '완전케 하는 지혜'로 기울게 해야 한다.

은총과 정의와 학문을 통하지 않고서는 아무도 지혜에 이를 수 없는 것처럼, 예리한 묵상, 거룩한 행실, 열렬한 기도를 통하지 않고서는 아무도 관상에 이를 수 없다. 그리고 은총은 올바른 의지의 기초요, 밝고 환한 이성의 기초이기에, 우리가 먼저 해야 할 일은 기도하는 것이고, 그다음 거룩하게 사는 것이고, 마지막으로 진리를 반사하는 대상에 주의를 집중하는 일이다. 이렇게 우리는 조금씩 '신들의 하느님을 뵈올 수 있는 시온의 높은 산으로'(시편 83,8 참조) 올라간다.

<해설>

이러한 상승에 도달하고자 하는 사람들의 특성을 살펴보면, 첫째는 기도이며, 이어서 삶의 거룩함, 마지막으로 진리를 고찰함이다. 8항에서 이장의 첫 번째 부분인 상승의 단계(de gradibus ascensionis)가 마무리된다. 그리고 흔적을 통해(per vestigia) 하느님을 바라보는 두 번째 부분이 시작된다.

9. 피조물에서 창조주께로

야곱의 사다리를 타고(창세 28,12 참조) 먼저 올라간 다음에 내려오는 것처럼, 올라가는 첫 단계를 맨 밑에 놓는다. 첫 단계는 감각 세계 전체를 하나의 거울로 생각하면서, 이를 통해서 만물의 최고 조성자인 하느님께 올라가는 것이다. 이렇게 우리는 이집트를 빠져나와 그들 조상에게 말씀하신 약속의 땅으로 들어가는 참 히브리인이며, 그리스도와 함께 "이 세상에서 아버지께로"(요한 13,1) 넘어가는 그리스도인이며, 우리를 초대하여 다음과 같이 말하는 지혜의 연인들이다. "나에게로 오너라, 나를 원하는 이들아. 와서 나의 열매를 배불리 먹어라"(집회 24,19). "피조물의 웅대함을 아름다움으로 미루어 보아 그 창조주를 알 수 있다"(지혜 13,5).

<해설>

지각할 수 있는 세상은 거울처럼 보인다. 그리고 이 거울을 통해 하느님께 도달한다

10. 관찰하고, 탐구하고, 믿기

창조주의 최고 권능, 최고 지혜, 최고 선의는 창조된 사물들 안에서 세 가지 메시지에 따라 반사하는데, 외부적 감각은 그것을 내부적 감각으로 전달한다. 육신적 감각은 지능에 도움을 주어, '이성적으로 탐구하거나, 신실하게 믿거나, 지성적으로 관찰하게' 만든다. '관찰하는' 사람은 사물을 현재 있는 그대로 바라보며, '믿는' 사람은 사물을 습성적인 흐름에서 바라보며, '탐구하는' 사람은 사물을 잠재적인 가치에서 바라본다.

<해설>

이는 감각에서 시작한다. 감각은 외부에서 얻어진 정보를 내부로 전달하는 전달자이며, 동시에 존재의 삼중 기능으로 인해 오성의 협조자가 된다.

11. 지성으로 관찰하기

첫째 방식, 지성적으로 관찰하는 사람은 사물을 그 자체로 즉 사물 안에서 '무게, 수, 척도'(지혜 11,20 참조)를 본다. '무게'는 사물이 차지하고 있는 장소에 관한 것이고, '수'는 그것으로 사물이 구별되고, '척도'는 그것으로 사물이 제한되는 것이다.

또 비슷하게 사물 안에서 '형태, 종, 질서'를, 또 '실체, 힘, 활동'의 구조를 발견한다. 이렇게 눈을 들어 하나의 '흔적'에서 창조주의 무한한 권능, 지혜, 선성을 이해할 수 있다.

12. 신실하게 믿기

둘째 방식, 신앙으로 고찰하면 이 세상을 그 기원, 흐름, 완성으로 고찰한다. 사실 '시간적 사물들은 생명의 말씀 모형에 따라 창조되었다'(히브 11,3 참조)라고 우리는 '신앙으로' 믿고 있다. 또 세 가지 법의 시대들, 즉 자연의 시대, 성경의 시대, 은총의 시대가 더 완전한 질서에 따라 차례로 일어나 흘러가고 있다고 '신앙으로' 믿고 있다. 또 이 세상은 최후 심판으로 끝나게 된다고 '신앙으로' 믿고 있다.

이렇게 첫째 경우는 최고 원리의 권능이, 둘째 경우는 그의 섭리가, 셋째 경우는 그의 정의가 드러나게 됨을 우리는 알아차린다.

13. 이성으로 탐구하기

셋째 방식, '이성으로 탐구하는' 사람은 이렇게 사물을 본다. 즉 어떤 사물은 단순히 존재하고, 어떤 것은 존재하고 살아 있고, 어떤 것은 존재하고 살아 있고 지향을 가지고 있다고 본다. 또 첫째 것은 열등하고, 둘째 것은 중간이고, 셋째 것이 최상이라고 본다.

또 어떤 것은 단순히 육체적이고, 어떤 것은 육체적이며 동시에 영적이고, 이 사실로부터 순수하게 영적인 것이 있다는 것을 추론하고, 그것이 다른 두 사물보다 더 좋고 더 고귀하다고 결론짓는다. 그러나 어떤 것은 지상의 사물처럼 변하고 부패하며, 어떤 것은 천상의 사물처럼 변하지만 부패하지 않고, 이 사실로부터 어떤 것은 하늘 위의 사물처럼 변하지도 않고 부패하지도 않는다는 것을 통찰한다.

이렇게 이성은 보이는 사물로부터 하느님의 권능, 지혜, 선성을 고찰하고, 생명체, 지성체, 순수 영, 부패하지 않는 존재, 불변적 존재를 고찰하게 된다.

14. 피조물의 일곱 가지 존재 방식

이러한 고찰은 피조물의 일곱 가지 존재 방식에 맞게 확대된다. 피조물을 그 '기원, 크기, 양, 아름다움, 충만, 활동, 질서'에서 고찰하면, 그것들은 똑같이 하느님의 권능, 지혜, 선성을 증거하게 된다.

만물의 '기원'은 만물이 육 일간의 작업 안에서 창조되고 구별되고 치장되었기에, 무에서 만물을 생산하는 권능을, 각 사물을 분명히 구별해 주는 지혜를, 만물을 폭넓게 치장해 주는 선성을 선언한다.

만물의 '크기'는 만물의 길이와 넓이와 높이와 관련되고, 또 빛의 확산에서 보듯이 길이와 넓이와 깊이에 퍼지는 그 힘의 탁월성과 관련되고, 또 불의 작용에서 보듯이 꿰뚫고, 지속적이며, 확산적인 그 작용의 효능과 관련된다. 이 모든 것은 삼위일체 하느님의 권능과 지혜와 선성을 명백히 보여 준다. 하느님은 당신 권능과 현존과 본질로써 만물 안에 살아 계시지만 거기에 제한당하지 않으신다.

만물의 '양量'은 만물의 실체와 형상, 활동에 있어서 인간의 상상을 초월하는 엄청난 유類와 종種과 개체의 다양성에 있으면서 위에서 말한 하느님의 세 가지 속성을 명백히 지시하고 보여 준다.

만물의 '아름다움'은 만물의 단순체, 혼합체, 복합체, 예를 들면 천체들[단순체], 암석이나 금속 따위의 광물체[혼합체], 식물, 동물들[복합체]은 그 다양한 빛의 밝기와 모양과 색깔로서 위에서 말한 세 가지 속성을 확실히 선포한다.

만물의 '충만'은 종자율種子律에 따라 수많은 형태로 가득 차 있는 '질료'로써, 또 그 능동적인 권능에 맞게 힘으로 가득 차 있는 '형상'으로써, 그리고 작용의 효과들로 가득 차 있는 '힘'으로써, 위의 세 가지 속성을 밝혀 준다.

다양한 형태의 '활동', 즉 '자연적' 활동, '인위적' 활동, '윤리적' 활동은 그 엄청난 크기의 다양성 안에서 저 권능과 예술과 선성의 무한함을 보여 준다. 그분이 만물에 대하여 '존재의 원인, 이해의 법칙, 삶의 질서'이다.

길이와 위치, 그리고 상호 작용 안에서의 '질서', 즉 창조의 책 안에서 이전 존재와 이후 존재, 높은 존재와 낮은 존재, 고귀한 존재와 비천한 존재는 제일 원리의 무한한 '권능'의 고유한 특성인 수위성과 최고성, 위엄을 밝혀 준다. 성경에 담겨 있는 신법들, 계명들, 판단들의 질서는 무한한 '지혜'를 밝혀 준다. 여러 성사의 은전들과 보상들의 질서는 교회인 그의 몸 안에 있는 무한한 '선성'을 밝혀 준다. 이렇게 질서는 첫째이며 최고이신 분께로, 지극히 전능하시고 지극히 지혜로우시고 지극히 선하신 분께로 우리를 확실하게 인도한다.

<해설>

이어서 다음과 같은 피조물의 일곱 가지 존재 방식을 들여다본다. 기원(origo), 크기(magnitudo), 양(multitudo), 아름다움(pulchritudo), 충만(plenitudo), 활동(operatio), 질서(ordo).

15. 보고 듣도록 초대함

그러므로 이렇게 많은 광채의 빛을 보지 못하는 사람이 진짜 눈먼 이요, 이렇게 많은 소리를 듣고도 깨닫지 못하는 사람이 진짜 귀머거리요, 이렇게 큰 업적을 보고도 하느님을 찬미하지 못하는 사람이 진짜 벙어리요, 이렇게 많은 증거를 보고도 제일 원리를 깨닫지 못하는 사람이 진짜 바보다.

따라서 눈을 뜨고, "귀를 기울여 현인들의 말씀을 듣고 나의 지식에 마음을 쏟아라"(잠언 22,17). 그러면 하느님을 보고 듣고 찬양하며 사랑하고 흠숭하며 찬미하고 영광을 돌리게 될 것이다. 우주가 들고 일어나 네게 등을 돌리지 않도록 하여라. 이 때문에 '온 세상이 미친 자들과 싸우지만'(지혜 5,20 참조), 반대로 총명한 자들에게는 영광의 동기가 되리라. 그때 그들은 이렇게 말할 것이다. "주님, 당신께서 하신 일로 절 기쁘게 하셨으니, 당신 손의 업적에 제가 환호합니다"(시편 91,5). "주님, 당신의 업적들이 얼마나 많습니까! 그 모든 것을 당신 슬기로 이루시어 세상이 당신의 조물들로 가득합니다"(시편 103,24).

<해설>

마지막 고찰: 보는 눈과 듣는 귀가 자신의 입을 열어 찬양하게 한다. 하느님의 암호로 쓰인 세상을 깨닫지 못하면 바로 그 세상은 우둔한 이들에게 등을 돌리게 될 것이다.

<도표>

하느님 안의 단계적 상승

(Itinerarium 1,2-7)

인식의 대상 Oggetti di conoscenza (1.2.)	흔적 Vestigium (tutte le creature) 피조물	모상 Imago (persona umana) 인간 본성	제일 원리 Primum Principium (Dio) 하느님
특징 Caratteristiche: - 자연적 naturali - 시간적 temporali - 공간적 spaziali (1.2.)	육체적 Corporalia 시간적 Temporalia 외부적 Extra nos	영적 Spiritualia 지속적 Aeviterna 내적 Intra nos	지극히 영적 Spiritualissimum 영원 Aeternum 초월적 Supra nos
일어나는 활동 Operazioni da effettuare (1.2.)	흔적을 통해 나아감 Transire per vestigium (hoc est deduci in via Dei)	정신으로 들어감 Intrare ad mentem (est ingredi in veritate Dei)	영원으로 넘어감 Trascendere ad aeternum (est laetari in Dei notitia)
하루에 비치는 빛 Luce di un'intera giornata (1.3.)	황혼 vespera	새벽 mane	한낮 meridies
실체의 삼중태 Triplice esistenza delle cose (1.3.)	물질 안에서 In materia	지성 안에서 In intelligentia	영원한 학문 안에서 In arte aeterna

그리스도의 삼중 본질 Triplice sostanza in Cristo (1.3.)	육체적 *Corporalem*	영적 *Spiritualem*	신적 *Divinam*
영혼의 삼중 측면 Triplice sguardo della mente (1.4.)	동물성 (감각성) *Animalitas* (*sensualitas*)	영 *Spiritus*	정신 *Mens*
사랑의 삼중 방식 Triplice modalità di amare (1.4.)	마음을 다하고 *Ex toto corde*	영을 다하고 *Ex tota anima(- spiritu)*	정신을 다하고 *Ex tota mente*
영혼의 6가지 능력 Le 6 potenze dell'anima (1.6.)	감각 *Sensus* 상상 *Imagina- tio*	이성 *Ratio* 오성 *Intellectus*	지성 *Intelligen- tia* 정신의 정점 *Apex mentis* (양심의 불 꽃 *synderesis scintilla*)
3가지 신학 형태에 따른 진 리의 지식/지혜 La scienza della verità secondo le 3 forme della Teologia (1.7)	상징적 신학 *Theologia sym- bolica* 감각적 사물을 올바로 사용 *Recte utamur sensibilibus*	신학 *Theologia pro- pria* 지적인 사물을 올바로 사용 *Recte utamur intelligibilibus*	신비적 신학 *Theologia my- stica* 초정신적 넘어 감으로 빠져듦 *Rapiamur ad supermentales excessus*

제2장
감각 세계 안에 있는
하느님의 흔적 안에서 하느님을 관조함

<해설>

1장에 나타난 하느님께 나아가는 여정에서 인간은 대상(realtà)을 잘 받아들일 수 있고, 즉각적으로 지각할 수 있다고 여긴다. 현상적인 세상에서 모든 존재는 자신과 일치를 이루고, 마지막을 향하고 있으며, 무언가 할 수 있는 능력을 지닌다. 표징이 되는 이러한 특성들은 모든 것을 질서에 따라 배치하는 분의 힘, 지식, 지혜, 선을 바라보도록 각자에게(영혼에게) 말하고, 초대하고, 되돌린다.

이에 하느님은 외부적 원인(causa esterna)으로 보이며, 실체들은 자기 실재(ESISTERE)의 근원이자 토대인 하느님께 돌아간다.

2장에서 보나벤투라는 하느님을 피조물의 흔적을 통해서(per vestigia) 바라볼 수 있을 뿐만 아니라, 흔적들 안에서도(in vestigiis) 바라볼 수 있다고 말한다. 사실 흔적들은 감각의 문을 통해 다음과 같은 세 가지 작용으로 인간의 소우주에 들어간다.

- 이해(apprehensio): 이로써 대상의 산출된 모상/종(immagine generata/ species)을 지각한다. 이 모상은 말씀의 반향(riflesso del Verbo)으로 성부(Padre)에게서 나온 모상이다.
- 즐거움(oblectatio): 아름답고, 감미롭고, 건강한 실체를 만남으로 생긴다(이는 아름다움, 감미로움, 건강함으로 충만한 존재에 대한 갈망, 열망을 일으킨다).

- 판단(diiudicatio): 변치 않는 영원한 하느님에게서 나오는 불변하는 기준을 근거로 한다.

이에 하느님이 내적이며 내재적인 원인(causa interna e immanente)으로 보이며, 실체들은 자신의 작용(OPERARE)으로 하느님께 돌아간다.

1. 관조의 둘째 단계

감각적 사물의 거울은 흔적으로서 '만물을 통해서'뿐만 아니라, '만물 안에서'도 즉 하느님이 당신 본질, 능력, 현존으로 거기 있는 한, 그분을 관조하도록 해 준다.

이런 고찰은 앞에 있는 것보다 상위여서 둘째 자리를 점유하며, 육신의 감각을 통해 우리 안으로 들어오는 모든 피조물 안에서 하느님을 관상하도록 우리를 손잡고 이끌어 주는 관조의 둘째 단계이다.

<해설>

하느님은 만물 안에 머무르시며, 그 안에 당신의 본질, 능력, 현존이 있다. 모든 피조물이 우리 안으로 들어오는 입구인 감각을 통해서 우리는 반드시 하느님을 찾아야 한다.

2. 대우주, 소우주

이제 '대우주'라고 불리는 이 세상이 '소우주'라고 불리는 인간의 영혼 안에 들어오는 것을 살펴보자. 다섯 감각의 문을 통해서 우리는 감각적 사물을 파악하고 즐거움을 느끼고 판단하게 된다.

이것은 분명하다. 이 세상에는 어떤 것은 산출하고, 어떤 것은 산출되고, 또 어떤 것은 이 둘을 지배한다. '산출하는 것'은 단순체, 즉 천체와 4대 원소들이다. 이 원소들로부터, 혼합체 안에서 반대 요소들을 조화시키는 빛의 작용으로, 자연히 산출되고 생산되는 일체 만물의 산출과 생산이 나온다. '생산되는 것'은 기본적인 요소들의 복합체, 즉 광물, 식물, 동물, 인간의 육체들이다. 영적인 실체들은 양쪽을 '지배하는 것'이다. 영적 실체들은 어떤 것은 동물의 혼처럼 육체와 완전히 결합하여 있고, 어떤 것은 이성적 영혼처럼 육체와 완전히 결합하여 있으면서도 분리되고, 또 어떤 것은 천상의 영들처럼 육체와 완전히 분리된 것도 있는데, 철학자들은 이를 '지성체'라 하지만, 우리는 '천사들'이라 한다. 철학자들에 의하면 천체들의 움직임은 그들의 권한에 속하고, 그래서 세상의 통치는 그들의 권한에 속한다고 한다. 그 영들은 제일 원인이신 하느님으로부터 모든 권한을 위임받고, 필요한 통치 방법에 맞게 사물의 자연적 상태를 위해서 그 권한을 쓴다고 한다.

그런데 신학자들에 의하면 지고하신 하느님의 명령에 따라 '복구'의 작업을 완성하기 위해서 이 세상의 통치가 그들에게 주어졌다고 한다. 그래서 그들을 "하느님을 시중드는 영으로서, 구원을 상속받게 될 이들에게 봉사하도록 파견되는 이들"(히브 1,14)이라고 한다.

<해설>

대우주(macrocosmus)는 오감의 문을 통해(per portas quinque sensuum) 다음과 같은 세 가지 작용으로 우리 영혼의 소우주(minor mundus)로 들어온다. '이해'(apprehensio), '즐거움'(oblectatio), '판단'(diiudicatio).

세상에는 세 종류의 실체가 있다. 어떤 것은 산출하고(generantia), 어떤 것은 산출되고(generata), 어떤 것은 지배한다(gubernantia).

중세 우주론의 개념에서 대우주는 천체와 그 원소를 포함한다. '최고

천'(l'empireo), '**투명구체**'(il cristallino), '**7개의 행성이 움직이는 창공**'(목성, 토성, 화성, 태양, 금성, 수성 그리고 달). **자연 원소는 네 가지로 이루어진다**(불, 물, 공기, 땅. 각 원소는 네 가지 대비되는 성질을 지닌다: 따뜻함, 차가움, 습함, 건조함). **천체와 원소들은 단순체들이며 복합체의 산출과 생산에 일조한다. 네 개의 단순한 원소들은 신비체를 형성하는 결합을 위해 천체의 힘이 필요하다. 즉, 빛, 열, 힘을 통해서 이들은 대비되는 가치들을 끌어당기고, 밀착시키고, 결합한다.** 보나벤투라가 로베르토 그로사테스타Roberto Grossatesta로부터 영향을 받은 조명 이론은 자체의 함축적인 힘을 넘어, 근본적이며 기초적인 형태로서 다양한 방식을 취하며, 모든 자연체에 관여한다. 조명 이론에는 이와 관련해 많은 논쟁이 있다. 아리스토텔레스는 네 개의 원소 옆에 다섯 번째 원소 '에테르etere'를 놓는다. 이는 영원한 본질이며 신적인 것으로, 하늘에 속하며 신들 가운데 있다. 보나벤투라는 이 다섯 번째 원소와 빛을 동일시하며, 이교적 의미와 아리스토텔레스의 천문학적 사상을 배격하고 정화하여 사용한다(참조: 『Breviloquium』, 2. 3).

3. 다섯 감각

'소우주'라 불리는 인간은 다섯 감각, 즉 오감을 갖고 있어, 이 다섯 문을 통해서 세상 만물을 영혼 안으로 들어오게 한다.

'시각'을 통해서 빛나는 천체들과 각양각색의 물체들이 들어오고, '촉각'을 통해서 지상의 딱딱한 물체들이 들어오며, 그 밖의 감각들은 중간 감각이라 하는데, 이를 통해서 중간 물체들이 들어온다. 즉 '미각'을 통해서 액체가, '청각'을 통해서 공기 중의 소리가, '후각'을 통해서 수증기의 냄새가 들어온다. 이것들은 어떤 것은 축축하고, 어떤 것은 공기 같이 부드럽고, 어떤 것은 향불의 연기처럼 뜨겁다.

이 문을 통해서 단순체들, 복합체들, 혼합체들이 들어온다. 우리는 이 감각을 통해서 빛, 소리, 냄새, 맛, 촉감 등 '개별 감각 사물'을 파악할 뿐만 아니라, 수, 크기, 모양, 고요, 움직임 같은 '공통 감각 사물'도 파악한다. 그래서 '움직이는 것은 모두 다른 것에 의해 움직이는 것이다'를 파악하고, 또 '어떤 것들은 동물처럼 자유롭게 움직이고 쉰다'는 것도 파악한다. 이렇게 다섯 감각을 통해서 동물의 신체적 움직임을 파악하듯이, 우리는 결과를 보고 원인을 인식함으로써 영적 움직임도 인식하게 된다.

<해설>

단순체들과 복합체가 감각의 다섯 문을 통과한다.

개별적으로 지각 가능한 대상: 개별 감각 사물(sensibilia particularia) 즉, 하나의 감각으로 지각하는 것 – 빛, 소리, 맛.

공통적으로 지각 가능한 대상: 공통 감각 사물(sensibilia communia) 즉, 하나 이상의 감각이 함께 작용하여 지각하는 개념 – 수, 양.

4. 개체의 산출을 통해 파악

세 가지 유형 속에 있는 모든 감각 세계는 '파악'을 통해 영혼 안으로 들어온다.

다섯 감각의 문을 통해서 영혼 안으로 들어오는 외부적 감각 사물들은 사물 자체로 즉 실물로 들어오는 것이 아니라, 그것들이 중간 매체에서 산출하는 유사상類似像을 통해 들어오고, 중간 매체에서 외부적 감각기관을 거쳐 내부적 감각기관에로 들어오고, 여기에서 파악 능력 안으로 들어온다. 이렇게 중간 매체에서의 유사상의 산출, 내부 감각기관에로의 이행, 파악 능력 안으로의 수렴, 이것으로 영혼이 외부에서 포착하는 모든 사물을 '파악'하게 된다.

5. 감각의 즐거움과 비례

'파악' 이후에 그것이 적합한 대상이면 '즐거움'이 온다. 감각은 유사상을 통해 파악한 대상에 대해 즐거움을 맛보려 하는데, 시각은 '아름다움'에 근거해서, 후각과 청각은 '감미로움'에 근거해서, 미각과 촉각은 '건강'에 근거해서 즐거움을 맛본다.

모든 즐거움은 비례에 그 근거가 있다. 그런데 개체는 '형태, 힘, 작용'이고, 이에 따라 '형태'는 그것이 산출하는 시작과 관련되고, '힘'은 그것이 지나가는 중간 과정과 관련되고, '작용'은 그것이 작용하는 끝과 관련되기 때문에, 비례가 '개체나 형태'에 연관되어 유사상에 나타나면 이를 '아름다움'이라 하는데, 그것은 '조화로운 동일성'이며 또는 '여러 색깔의 달콤함이 동반된 부분들의 멋진 균형'이다. 또 비례가 '능력'이나 힘에 연관되어 유사상에 나타나면 이를 '감미로움'이라 하는데, 이는 작용하는 힘이 수용자의 능력을 넘지 않기 때문이다. 만일 자극이 지나치면 감각은 오히려 고통을 받게 되고, 그것이 적당하면 즐거움을 느낀다. 또 비례가 '효능과 압력'의 관점에서 고찰되면 압박을 가하는 '행위자'는 수용자의 요구에 상응하는 정도에 정비례하여, 특히 미각과 촉각에서 보듯이 그를 치유하고 건강하게 한다.

이렇게 '즐거움을 거쳐서' 즐거움의 세 가지 방식에 따라 즐거움을 가진 외적 사물이 유사상을 통해서 영혼 안으로 들어온다.

6. 판단의 작용

파악과 즐거움에 이어 '판단'이 온다. 그것으로 사물이 흰지 검은지('개별적' 의미), 사물이 몸에 이로운지 해로운지('내부적' 의미), 그뿐만 아니라 사물이 '무슨 연유로' 만족을 주는지를 판단하여 즐거움의 동기를 찾게 된다('대상적' 의미).

이것은 사물이 왜 아름답고 왜 감미롭고 왜 건강에 유익한지를 물을 때 일어난다. 그것은 '동등성의 비례'에 있다. 이 동등성의 원리는 큰 사물이든 작은 사물이든 똑같지만, 면적에 따라 커지는 것은 아니고, 잠시 지나가는 사물과 함께 사라지는 것도 아니다. 또 사물의 운동에 따라 바뀌는 것도 아니다. 이 원리는 장소, 시간, 운동과는 아무 상관이 없으며, 변하지도, 제한되지도 않고, 끝도 없으며 완전히 영적인 것이다.

따라서 '판단'은 오관을 통해 얻어지고, 정화되고, 추론된 감각적 개체가 지성 능력 안으로 들어가게 하는 작용이다.

이렇게 감각의 문을 통해서 세 가지 작용을 거쳐 일체의 외부 세계가 영혼 안으로 들어오는 것이다.

<해설>

4~6항은 '이해', '즐거움', '판단', 이 세 가지 작용에 대한 서술이다. 이러한 세 가지 연속적인 작용으로 종(species)을 이해하고, 대상의 즐거움과 지성의 작용으로 들어간다.

7. 보이지 않는 하느님의 모상

이 모든 것은 하나의 '흔적'이며 그 안에서 우리는 하느님을 마치 하나의 거울처럼 보게 되어 있다.

사실 파악된 개체는 대상에 대한 중간 매개체 안에 발생한 유사상이고, 그 유사상이 내부의 감각기관에 새겨지고, 이 각인으로 유사상이 처음 생긴 그 대상을 인식하게 해 준다. 이런 과정을 보면 저 영원한 빛이

어떻게 자신에게서 자기의 유사상을, 즉 동등한 광채, 동일한 본질, 동일한 영원을 산출하는지를 명백히 상기시켜 주고, 산출된 분은 다름 아닌 "보이지 않는 하느님의 형상이시며 그 영광의 광채이시며, 그 본질의 모상"(콜로 1,15; 히브 1,3)이시며, 그분은 자신의 유사상을 산출한 대상과도 같이 자기 자신의 첫 번째 산출로 곳곳에 존재하심을 상기시켜 주며, 개체가 신체 기관에 결합해 있듯이, 그분은 결합시키는 은총으로 이성적 개체와 결합해 있는데, 그 이유는 이러한 결합으로 우리를 '제일 원리'이며 원초적 '대상'이신 '성부'께로 이끌어 주기 위해서이다.

모든 지성적 대상들이 자신의 유사상을 산출할 수 있다면, 같은 거울 안에서 '아버지'로부터 영원히 유출되는 '말씀'과 '모상', 그리고 '아들'의 영원한 출산을 볼 수 있다는 것은 명백하다.

8. 하느님은 모든 즐거움의 원천

똑같은 방식으로 '아름답고 감미롭고 건강에 유익하기에 즐거움'을 산출하는 개체는 저 첫 번째 개체 안에도 최고도로 '아름다움, 감미로움, 건강에 유익함'이 있다는 것을 알게 해 준다. 왜냐하면, 그 안에는 산출하는 자와 관련하여 '비례'와 동등함이 있기 때문이며, 감각적 표상(또는 '환상')에 의지하지 않고 진리에 대한 즉각적인 파악을 통해 오는 '힘'이 있기 때문이다. 또 그 안에는 치유하는 '압력'도 있는데, 이는 파악하는 사람 안에서 모든 부족함을 채워 주기에 충분한 힘이다.

이제 즐거움은 서로 어울리는 두 사물 사이의 일치에 있다면, 또 하느님의 모상만이 최고도로 아름답고 감미롭고 건강에 유익한 것의 이상을 담고 있다면, 또 그것이 '진리, 친밀감, 충만함'으로 결합해 온갖 허공을 가득 채운다면, 온갖 참된 즐거움은 하느님 안에서만 있고, 온갖 즐거움들은 그분을 찾도록 우리를 이끈다는 것이 분명해진다.

9. 지적 판단과 영원한 진리

한층 더 탁월하고 즉각적인 방법으로 '판단'은 영원한 진리를 준수하도록 우리를 이끈다.

실제로 판단이 장소, 시간, 가변성으로부터 '추론하는' 이성을 매개로 하여, 즉 측량, 연속, 변화로부터 추론하는 이성을 통해서 가능한 것이라면, 또 불변하고, 제한도, 한정도 받지 않는 이성을 통해서 가능한 것이라면, 또 영원한 것만이 불변하고 한계나 끝이 없다면, 또 영원한 것은 하느님이고 하느님 안에 있다면, 또 우리가 확실하게 판단하는 것이 모두 이런 이성에 의해서 하는 것이라면, 그분이야말로 존재 이유며, 무류의 규범이요, 진리의 빛이다. 만물은 그 빛 안에서 오류 없이, 지워지지 않고, 의심이나 반박이나 논쟁의 여지 없이, 변질됨 없이, 무한하게, 끝없이, 분할되지 않고 지성적으로 반사된다.

그런데 우리의 주의를 끄는 모든 감각적 사물을 우리가 확실히 판단하는 저 법칙들은 '파악하는 사람의 지능' 때문에 오류가 없고 의심이 없는 것이라면, 또 그 법칙들이 마치 항상 현존하는 것처럼 '기억하는' 사람의 기억 때문에 지워지지 않는다면, 또 '판단하는 지능' 때문에 반박이나 논쟁의 대상이 되지 않는다면, 성 아우구스티노가, 아무도 그 법칙들을 판단하지 못하고 단지 그 법칙들을 통해 판단하는 것이라고 말씀하신 것처럼, 그 법칙들은 필연적이기에 불변하고 부패하지 않으며, 제한할 수 없기에 무한하며, 영원하기에 제한할 수 없으며, 지적이고 비물질적이기에 쪼개지지 않으며, 만들어진 것이 아니기에 비창조적이며, 영원한 예술 안에 영원히 존재하는 것이다.

이 법칙으로부터, 이 법칙을 통해서, 이 법칙의 유사성에 따라 온갖 아름다운 것들이 창조되었다. 그러므로 만물을 산출하는 형상이요, 만물을 보전하고 구별하는 저 법칙을 통하지 않고서는 만물이 적법하게 판단될 수 없는데, 그 법칙은 마치 만물의 형상을 지탱하고, 만물의 직접적 규범인 '존재 자체'와 같다. 이렇게 우리 정신은 감각기관을 통해 안으로 들어오는 모든 것을 판단한다.

<해설>

7~9항에서 세 가지 작용은 첫째로 성부의 모상이며 아들인 말씀의 영원한 산출로, 둘째로 원천이고 참 즐거움이신 하느님에게로, 셋째로 모든 존재 이유며 무류의 규범이며 진리의 빛이신 하느님에게로 되돌아간다.

세 번째 작용에서 판단이라는 단어: 조명이 감각적 실재에 대한 절대적으로 확실한 어떤 가능한 전제가 아니기에, 보나벤투라는 감각적 경험에 대한 이성적 판단이 최고 빛(luce assoluta)과 로고스의 전형(ideale del Logos)에 참여하는 인간과 연관된다고 언급한다. 아리스토텔레스 학파는 보편이고 필수적인 판단에 앞서, 판단 안에 보편적이고 필연적이며 영원함이 있으며 우연적이고 유한한 개체로부터 자유롭게 하는 추상적인 활동의 기초를 언급한다. 그러나 개체들은 우연적인가? 추상적 활동은 인간의 활동으로 우연적이고 변화하는가? 보나벤투라는 판단을 통해서 도달하는 보편성, 필연성, 영원성의 토대는 오직 필연과 영원의 유일한 존재인 하느님, 그래서 조명으로 닿을 수 있는 하느님의 전형적인 개념들 안에 존재한다고 말한다. 또한, 정신이 자신을 실현할수록 내재적으로 하느님께 나아가고, 하느님께서 정신으로 들어오신다고 언급한다. 하느님은 피조물의 영혼에 초월적인 목적일뿐만 아니라 그 대상의 원천이다(obiectum fontale).

10. 숫자들

이 인식은 우리가 일곱 종류의 숫자들을 고찰할 때 확장된다. 이 수들을 통해 마치 일곱 계단을 밟아 가듯이 하느님께 상승할 수 있다. 성 아우구스티노는 그의 저서 『참된 종교』와 『음악론』에서 그것을 제시한다. 거기서 그는 숫자적인 상이성을 설정하면서, 각 숫자 안에서 하느님을 뵈올 수 있도록 감각적인 사물들로부터 시작하여 점진적으로 만물의 조성자에게 올라가는 상승 단계들을 설명하였다.

그는 신체 안에, 특히 소리와 음성 안에 수들이 있는데, 그것을 '음향적' 수라고 하였다. 이 수들로부터 추론되어 우리 감각 안에 받아들여진 수들이 있는데, 그것을 '인식적' 수라고 하였다. 영혼에서 신체로, 즉 몸짓이나 춤에서 보듯이 영혼에서 신체로 넘어가는 수들이 있는데, 그것을 '진행적' 수라고 하였다. 수용된 개체 위로 우리의 지향이 나아갈 때 발생하는 감각의 즐거움 안에 수들이 있는데, 그것을 '육감적' 수라고 하였다. 기억에 저장되는 수들이 있는데, 그것을 '기억적' 수라고 하였다. 또 모든 것을 판단하는 수들이 있는데, 그것을 '판단적' 수라고 하였다. 그 수들은 오류가 없고 판단되지 않기 때문에 정신을 장악한다. 이 수들은 우리 정신에 '인위적' 수를 새겨 놓는데, 아우구스티노는 이 수를 위의 단계에 넣지 않고 있다. 왜냐하면, 그것은 '판단적' 수와 밀접히 연관되어 있기 때문이다. '판단적' 수들로부터 '진행적' 수들이 나오고, 이 '진행적' 수들은 인위적 작품들에 온갖 형태를 부여한다. 이렇게 높은 단계의 수들로부터 중간 단계를 거쳐 낮은 단계의 수들에 이르기까지 하강 질서가 있다. 또한 '음향적' 수들에서부터 출발하여 '인식적' 수들, '육감적' 수들, '기억적' 수들을 거쳐 위로 올라갈 수 있다. 이렇게 만물은 아름답고 어떤 의미에서 쾌감적이다. 그런데 아름다움과 즐거움은 비례 없이 있을 수 없다. 또 비례는 무엇보다도 수들 안에 있다. 따라서 만물은 수들로 구성되어 있음이 틀림없다.

그러므로 '수'는 '창조주의 정신 안에 있는 최초의 모형적 이데아'이며, 만물 안에서 신적인 지혜로 가게 하는 대단히 중요한 흔적이다.

사실 수는 일곱 가지 다양성을 통해 지극히 명백하고 하느님께 매우 가깝게 있기에, 수는 우리를 하느님께 더욱 가까이 가도록 안내하고, 육체적이며 감각적인 만물 안에서 그를 인식하게 한다. 그때 우리는 만물의 수를 '파악'하게 되고, 비례의 수에서 오는 '즐거움'을 알게 되고, 수들로 구성된 비례의 법에 근거하여 반박 불가능한 '판단'을 하게 된다.

<해설>

일곱 가지 다른 숫자들의 가치에 대한 숙고는 하느님께 올라가도록 도와준다

11. 피조물은 관조자를 하느님께 인도한다

하느님을 그의 흔적 안에서 관조하도록 우리를 이끌어 준 첫 두 단계로부터, 마치 세라핌 천사의 두 발을 감싸 주는 두 날개에서 보는 것처럼, 감각적 세계의 모든 피조물은 지혜로운 자와 관조하는 자를 영원하신 하느님께로 이끈다는 결론을 얻을 수 있다. 그런 연유로 만물은 지극히 힘세시고, 지극히 지혜로우시고, 지극히 선하신 '제일 원리', 영원한 원천, 빛, 충만, 그리고 이유, 모델, 규범이신 저 예술로 이끌어 준다. 우리는 '그림자, 반향, 그림들'을 가지고 있고, 우리 앞에는 '흔적, 모상, 거울들'이 있으며, 그것들은 우리가 이 세상에서 하느님을 발견할 수 있도록 신령스럽게 주어진 '표지들'이다.

이것들은 모형에 따라 만들어진 '복제품' 같은 것으로서 아직은 거칠고 감각적인 것이다. 이렇게 보이는 감각적인 것들을 통해서 보이지 않는 지성적인 것들을 이해하는 것이다. 즉 표지들을 통해서 표지가 의미하는 실재들을 인식하는 것이다.

<해설>

모든 실재는 하느님께 되돌려지는 그림자, 반향, 그림, 흔적, 상, 드러냄, 표징으로 충만하다(ad contuendum Deum).[7] 그래서 감각적인 대상을 통해서 지성적인 대상으로 넘어가게 된다.

12. 피조물은 자연, 예언, 제정에 따른 표지이다

감각적 피조물들은 "하느님의 보이지 않는"(로마 1,20) 실재들을 의미하는데, 그것은 부분적으로 하느님께서 모든 피조물의 '기원, 모형적 이데아, 끝'이시고, 또 모든 결과는 원인을 드러내는 표지이고, 모든 복제물은 모형을 드러내는 표지이고, 길은 목적지를 드러내는 표지이기 때문이다. 또 그것은 부분적으로 모든 피조물은 '그 자체로 하느님을 표현하기' 때문이다. 어떤 것은 예언의 '형태'로, 어떤 것은 '천사의 협력'으로, 어떤 것은 성사 '제정'의 효과로 사용되었다. 실제로 모든 피조물은 '본성적으로' 영원한 지혜의 모습이요 유사함이다. 그런데 어떤 것은 '특별히' 그러하니, 성경을 보면 영적 실재들을 예표 하도록 예언자들에 의해서 드높여졌기 때문이다. 어떤 것은 '더욱 특별히' 그러하니, 하느님께서 '천사들의 직무를 통해' 발현될 때 그 모습이 쓰이기 때문이다. 어떤 것은 '완전히 특별한 방법으로' 그러하니, 그분께서 무엇인가를 의미하고자 선택

---

[7] 이는 보나벤투라의 고유한 개념이다. 라틴어로는 contuitio, 영어로는 contuition이라고 한다. 다시 말해, 대상을 바라보면서 동시에 하느님을 바라보게 되는 것을 의미한다.

하고 성사로 '제정'하신 것들이기 때문인데, 그것들은 그 공통 이름으로 '표지'뿐만 아니라, '성사'의 성격도 간직한다.

<해설>

감각적인 피조물들은 하느님의 보이지 않는 실재들을 뜻한다. 왜냐하면, 그 자체로 이들은 피조물로서 하느님을 드러내기 때문이다. 이들은 천사적 활동, 또는 성사 안에 있는 것처럼 제도의 효과를 통해서 성경에 심어진 형상(figure)과 같고, 예언자들과 같다.

13. 결론

우리는 다음과 같은 결론을 내린다. '하느님의 보이지 않는 실재들은 창조된 조물들을 통해서 지상에 살고 있는 피조물에 의해서 보이고 이해될 수 있다는 것이다.' 그러므로 피조물을 보고 하느님을 거부하고 인정하지 않고 찬미하지 않고 사랑하지 않는 자들은 '변명의 여지가 없다'(로마 1,20 참조). 왜냐하면, 그들은 '어두움에서 나와 하느님의 놀라운 빛 가운데로 나아가려 하지 않기 때문이다. 그러나 그들은 우리 주 예수 그리스도를 통하여 우리를 어두움에서 불러내어 그 놀라운 빛 가운데로 인도해 주신 하느님께 감사를 드려야 하겠다'(1코린 15,57; 1베드 2,9 참조). 그리고 우리 밖에 퍼져 있는 빛들을 통하여 신적인 실재들을 반사하고 비추는 우리 영혼의 거울 안으로 들어가도록 해야겠다.

<해설>

우리는 어두움에서 나와 하느님의 놀라운 빛으로 넘어간다.

제3장

자연적 능력 안에 새겨진
하느님의 모상을 통해 하느님을 관조함

<해설>

"흔적들(발자국)을 통해서, 그리고 흔적들 안에서"를 마치고 나서, 이제 3, 4장으로 넘어간다. 이곳에서 하느님께서 창조하신 하느님의 모상인 영혼을 고찰한다. 앞의 두 단계에서 기인하는 하느님께 나아감은 자기 밖에서 자기 안으로 들어가며 완성된다(그리고 자신을 넘어서는 마지막 두 가지 고찰이 있을 것이다). 그러므로 '물질(materia)'에서 '지성(intelligentia)'으로, '육체적(corporalis)'에서 '영적(spiritualis)'으로, '건너감/횡단(transire)'에서 '들어감(intrare)'으로, 영혼의 첫 두가지 힘인 '감각(sensus)'과 '상상(imaginatio)'에서 이어지는 두 가지 '이성(ratio)'과 '지성(intellectus)'으로, '상징적 신학(theologia symbolica)'에서 '신학(theologia propria)'으로('신비적 신학(theologia mystica)'이 일어나기 전 단계) 넘어간다.

내재성의 입구와 반향은 보나벤투라가 기꺼이 따르는 아우구스티누스 주의의 정교한 산물이다. 그가 차용한 성 아우구스티노의 견해는 하느님을 찾으려면 자기 안으로 되돌아가야 함을 보여주는 모범이다.

"자기 마음으로 돌아가십시오! 여러분, 자신에게서 멀어지기를 원합니까? 멀어지면 자신을 잃어버립니다. 왜 사막의 길 위에 있습니까? 가야 할 길에서 여러분을 벗어나게 만든 방랑에서 돌아가십시오. 주님께 돌아가십시오. 주님께서는 준비가 되셨습니다. 마음 속으로 들어가기 전까지, 방황으로 인해 스스로 이방인이 되었습니다. 당신 자신을 알지 못하고, 당신을 창조한 분을 찾지 못합니다! 돌아가십시오, 마음으로 돌아가십시오. 여러분 안에서 눈과 귀를 찾으십시오. 이를 마음 속에서 찾지 못합니까? 마음 속에 귀를 가지고 있지 않습니까? 그렇지 않다면, 어떤 감각으로 주님의 말씀을 들을 수 있습니까. 듣기 위한 귀를 지닌 사람이 듣습니까? 마음 속에 눈을 가지고 있지 않습니까? 그렇지 않다면, 어찌 사도들이 빛나는 마음의 눈을 가지라고 할 수 있습니까? 마음으로 돌아가십시오. 여기서 하느님에 대해 느낀 것을 살펴보십시오. 하느님의 모상이 그곳에 있기 때문입니다. 사람의 본성에 그리스도가 머무릅니다. 당신의 본성 안에서 당신은 하느님의 모상에 따라 쇄신하게 됩니다. 그 모상 안에서 여러분의 창조주를 깨닫습니다. 육체의 모든 감각이 안으로 들어가는 것처럼 마음을 바라보십시오. 감각들이 외부에서 인지합니다. 얼마나 많은 종이 자기 질서 안에 이 유일한 내적 명령자를 지니는지 보십시오… 이제, 마음의 눈과 귀와 코를 보여주십시오."[8]

1. 인간 영혼은 삼위일체의 모상

위에서 말한 두 단계는 모든 피조물 안에서 하느님이 밝게 반사되는 그의 '흔적'을 통해서 우리를 하느님께로 인도하였다. 이 단계들은 하느님의 '모상'이 더 밝게 빛나는 우리 영혼 안으로 들어가기 전까지 우리를 이끌어 주었다. 이제는 여정의 셋째 단계에 도달하여, 밖에 있는 현관을 벗어나서 우리 자신 안으로, 즉 성막의 '앞'부분인 '지존하신 분'의 안으로 들어가(탈출 27,9-18 참조), 거울을 보듯이 하느님을 보아야겠다. 거기에는 진리의 빛이 우리 영혼의 얼굴 위에서 촛불처럼 비치고 있는데, 그것은 그 안에 거룩하신 삼위일체의 모상이 반사되고 있기 때문이다.

이제 당신 안으로 들어가 당신 영혼이 얼마나 열렬히 당신 자신을 '사

---

8 Sant'AGOSTINO, 『Commento al Vangelo di San Giovanni』, 18,10.

랑하는지' 관찰하고, 그리고 먼저 '알지' 못하면 사랑할 수 없다는 것, 또 자신을 '기억하지' 못하면 알 수 없다는 것을 살펴보라. 사실 우리 기억에 있지 않은 것을 우리는 이해할 수 없다. 그러므로 당신은 육신의 눈이 아니라 정신의 눈으로 영혼이 세 가지 능력을 선사 받았음을 이해하게 되는 것이다.

당신은 이제 이 세 능력의 활동과 기능을 바라보라. 그러면 당신 자신을 통해서 즉 하느님의 모상 안에서 하느님을 보게 될 것이다. 이것은 다름 아닌 "거울에 비친 모습처럼 어렴풋이"(1코린 13,12) 보는 것이다.

<해설>

우리의 본성으로 들어가는 것은 마치 외부 중앙홀(atrio/atrium)을 지나 '거룩함의 거룩함(Sancta sanctorum)'에 접하기 직전에 성전으로 들어가는 것과 같다. 이에 우리는 '정신의 눈(oculus rationis)'을 뜨기 위해 '육체의 눈(oculus carnis)'을 닫고 우리 안에 사랑, 지각(깨달음), 기억이라는 세 가지 능력이 있음을 알게 된다. 우리가 고찰해야만 하는 이 세 능력의 활동과 작용은 자기들 안에서 드러나는 하나의 모상처럼 하느님께로 되돌아간다.

하느님의 모상인 영혼에 관한 주제는 성경과 교부들(대부분 그리스 교부들)이 지닌 사상의 중심이자 보나벤투라 인간학의 토대이다. 영혼은 오직 하느님의 '흔적', '그림자', '반향'인 모든 피조물과 구분된다. 영혼은 더욱 더 직접적인 방식으로 하느님을 표현하기에 '모상'이라고 불린다. 이제 기억, 지성, 의지의 삼부작(la trilogia di MEMORIA, INTELLIGENZA, VOLONTA)이 모상의 그 '자리'에서 그려지고, 영혼의 존재로 보면 하나이고 그 세 가지 능력으로 보면 셋이기에, 하나이며 삼위이신 하느님께로 되돌아간다.

2. 기억은 영원의 모상

　기억은 단순히 현재의 것들, 물질적인 것들, 시간적인 것들뿐만 아니라, 연속적으로 일어나는 것들, 단순한 것들, 영속적인 것들을 간직하고 대표하는 활동을 한다. 기억은, 과거의 일들은 기억함으로써, 현재의 일들은 받아들임으로써, 미래의 일들은 예견함으로써 각각 파악한다.
　기억은 또한 단순한 단위들, 즉 계속적 양量과 분리적 양量의 원리들, 예를 들면 점, 순간, 일- 같은 것들을 간직한다. 그것들 없이는 그것들과 더불어 시작하는 단위들을 기억하거나 생각할 수도 없다.
　기억은 뿐만 아니라 영속적이며 영원한 가치를 지니는 학문의 원리들과 공리들을 간직한다. 그것들은 논리적이어서 잊힐 수 없으니, 즉 그것들을 듣는 순간 인정하지 않거나 동의하지 않을 수 없다. 이것은 무슨 새로운 것이 아니라, 이미 본유적이고 친숙한 것이다.
　이것은 어떤 사람에게 다음 명제를 말할 때 분명하다. 즉 '어떤 것은 긍정되거나 부정될 수 있다.' 또는 '전체는 항상 부분보다 크다' 또는 '내적 논리'상 반박할 수 없는 일차적 원리들이다.
　첫 번째 능력, 즉 과거, 현재, 미래의 모든 시간적 사건들을 실제로 간직하는 능력은 '영원'과 비슷하다. 영원은 나눌 수 없이 현존하면서 모든 시간에 확장된다.
　두 번째 능력, 즉 단순 단위들을 파악하기에, 감각적 실재들의 환상을 통하여 외부로부터 영향을 받아 형성될 수 있을 뿐만 아니라, 위로부터 즉 오관을 통해서나 감각적 환상을 통해서 들어올 수 없는 단순 단위들을 자체 내에 받아들이고 장악하게 된다.
　세 번째 능력, 즉 변하지 않는 진리들을 기억하기에, 기억은 자체 안에 변하지 않는 빛을 간직하고 있다. 이렇게 기억의 '작용'에서 볼 때, 영혼은 하느님의 모상이며, 늘 현존하시는 그분과 함께 자신에게 늘 현존하는 그분의 유사성이어서, 현실적으로는 그분을 장악하게 되고, 잠재적 으로는 '그분을 수용하고 그분을 공유하는' 것이 확실하다.

<해설>

우리는 영원한 모상(effifiem aeternitatis)을 간직하는 기억에서 시작한다(왜냐하면, 기억은 과거를 간직하고, 현재를 받아들이고, 미래를 예견하기 때문이다). 또한, 기억은 외부로부터(ab exteriori) 주입된 것들을 받아들일 뿐 아니라 저 너머로부터(a superiori) 각 개인에게 태어날 때부터 새겨진 '본유적 기억'의 종류를 이루는 단순한 형상들을 받아들이면서 이루어진다. 한편 기억은 불변하는 빛을 가지고 있기에 변하지 않는 진리를 기억한다. 이 세 가지 기억의 작용을 통해 영혼은 하느님의 모상(imago Dei)이며, 그러므로 하느님의 능력(capax Dei)임이 드러난다.

보나벤투라는 스승인 요한 드 라 로첼레(Summa de anima, c.33)에게서 지성과 의지에 기인하는 기억의 능력을 숙고한다. 기억은 성부 하느님의 모상이다. 즉, 모든 우주적 원리들의 조율자로서 다른 두 가지 기능(지성과 의지)의 본질적 일치를 이루는 바탕이 되고, 성자와 성령을 발출하는 성부의 모상을 지닌다. 그러므로 기억은 우리의 존재론적 영원성과 자아의 항상성을 지탱하는 심연의 연속성을 가리킨다. 따라서 기억은 나에게 주어진 기본적인 선물이자, 지성이 깨닫게 하고 의지가 사랑하게 하는 선물이다. 이 세 가지 기능의 관계가 분명한 하느님의 모상을 이룬다.

3. 용어, 명제, 추론

지성적 능력의 작용은 용어들, 명제들, 추론들을 지성적으로 인지하는 데에 있다.

지성은 어떤 정의定義를 내릴 때 그 '용어들의 의미'를 파악한다. 그런데 정의는 상위에 있는 용어들을 통해서 가능하고, 또 상위에 있는 정의는 더 상위에 있는 용어들을 통해서 가능하기에, 결국 최고 상위에 있는, 가장 보편적인 개념에까지 도달하게 된다. 이렇게 되지 않으면 하위 개념들은 '완전하게' 이해될 수 없다.

사실 '자존 존재'가 무엇인지 모른다면 개별 존재의 실체가 무엇인지 충만하게 알 수 없다. 그뿐만 아니라 '자존 존재'도 그 존재의 (초월적) 양태인 '일성一性', '진성眞性', '선성善性'을 모른다면 이해될 수 없다.

이제 존재는 '미완성' 존재, '완성' 존재, 또 '불완전' 존재, '완전' 존재, 또 '일시적' 존재, '영속적' 존재, 또 '타력' 존재, '자존' 존재, 또 '비존재와의 합성' 존재, '순수' 존재, 또 '종속' 존재, '절대' 존재, 또 '최종' 존재, '최초' 존재, 또 '변질' 존재, '비 변질' 존재, 또 '단순' 존재, '합성' 존재이기에, 또 어떤 존재의 결핍과 부족은 긍정적 언명을 통해서만 인식할 수 있다는 점을 고려할 때, 우리 지성은 완전히 순수하고 현실적이고 완전하며 절대적인 존재 없이, 즉 '단순히 존재하시고 영원히 존재하시는' 그분 없이, 또 만물의 존재 이유를 그 만물의 순수 본질 안에 담고 있는 그분에 대한 인식이 없이는 그 어떤 피조물의 존재도 '충만하게 이해' 할 수 없다.

실제로 우리 지성이 그 어떤 부족함도 없는 존재에 대한 개념이 조금이라도 없다면, 어떻게 부족하고 불완전한 존재를 알 수 있겠는가?

같은 말을 위에서 언급한 존재 양식에 대해서도 할 수 있다.

'명제들'의 인식에 대해서, 지력이 그 명제들이 참이라는 것을 확실히 알 때, 그 명제들을 진실로 안다고 말할 수 있다. 이것을 안다고 할 때, 이 인식에는 거짓이 없다는 것을 아는 것이다. 그것은 이 진리가 다르게 될 수 없다는 것, 즉 그것이 변하지 않는 진리라는 것을 아는 것이다.

그러나 우리의 정신은 그 자체로 변화 할 수 있기 때문에, 불변적으로 그 광선을 퍼붓는 빛을 통하지 않고서는 그 불변적인 진리를 볼 수 없고, 또 그것은 변화되는 피조물일 수 없다고 말할 수 있다. 지성은 따라서 '이 세상에 와서 모든 사람을 비추는 저 빛 안에서, 그분이 참된 빛이며, 처음부터 하느님과 함께 계시는 말씀'(요한 1,1-9 참조)이라는 것을 인식한다.

'추론'에 대해서, 우리 지성은 모든 결론이 반드시 어떤 전제로부터 필연적으로 나온다는 것, 또 그것이 필연적 용어로뿐만 아니라 우연적 용어로도 이루어진다는 것을 알 때, 추론을 참되게 인지하는 것이다. 예를 들면 어떤 인간이 뛴다면 그는 움직이는 것이다. 이런 필연적 관계는 존재하는 사물에서건 존재하지 않는 사물에서건 인지된다. 그래서 '인간이 존재할 경우', '그가 뛰면 그는 움직이는 것이다'라는 결론이 나오는 것처럼, 그가 실제로 없더라도 항상 같은 결론이 나온다. 그러므로 이런 추론의 '필연'성은 우연적 '물질'로 되어 있는 어떤 사물의 실제적 존재에게서 오는 것이 아니고, 또 '영혼'을 지니는 존재, 즉 그가 실제로 존재하지 않는다면 거짓이 되는, 그런 존재에게서도 오는 것이 아니다. 필연성은 영원한 예술 안에 있는 모형인模型因에게서 오는 것이며, 영원한 예술 안에 있는 실재의 '대표'에 알맞게 만물의 수용력과 상호 작용을 끌어올려야 마땅한 것이다. 성 아우구스티노가 『참된 종교』에서 증명하듯이, "진실로 추론하는 자의 빛은 모두 저 진리로부터 오며, 그 진리에 도달하려고 노력해야 한다."

여기에서 얻어지는 확실한 결론은 우리의 지성이 영원한 진리에 연결되어 있다는 것이다. 그래서 진리가 가르쳐 주지 않으면 지력은 확실하게 진리를 파악할 수 없다. 그러므로 당신은 욕망과 감각적 상상들이 당신과 진리의 광선 사이에 구름처럼 가로놓여서 당신을 가로막지 않는다면, 당신 스스로 당신을 가르치는 진리를 파악할 수 있다.

<해설>

이제 지적인 능력, 즉 지성(INTELLETTO)의 활동을 본다. 우리는 이 지성이 용어들(termini), 명제들(proposizioni), 결론들을(conclusioni) 이해하게 된다는 것을 깨닫는다. 우선, 우리의 지성은 단순하게 그 자체이면서 그 순수 안에 모든 것의 원인이 되는(sunt rationes omnium in sua puritate) 완전한 존재에 대한 이해 없이는 피조물을 온전하게 이해할 수 없다고 말한다.

모든 존재의 진리를 비추는 빛의 근원은 실재들을 이해할 수 있게 한다. 피조물의 색과 그 실체로 인식되는 이 신적 빛은 대상화될 수 없기에 자신 안에 감추어져 있다. 인간의 지성은 절반의 해방(semiplene resolvens), 또는 완전한 해방(plene resolvens)을 말한다(cf. 『명제집 주해(In I Sent.)』, d.28; I,54). 전자에서 인간의 지성은 근원적 존재에 대한 이해 없이 대상을 봄으로써 그 일부만 이해한다. 그러므로 바라봄은 그것의 근원과 분리된다. 후자에서 이해는 온전히 완전하다. 정확히 말하자면, 여정은 감각적이고 지적이며 영적인 개체들을 이해하는 과정이다. 이는 단지 논리적인 형상적 존재만이 아니라 형이상학의 실재적이며 근원적 존재, 즉 신을 언급하면서 온전히 이루어지길 바란다. 지성이 완전한 해방일 수 있다는 것은(il fatto) 보나벤투라의 존재에 대한 사상, 모든 존재론, 생득설 또는 선험론, 범신론에서 배제되었다. 사실 이 지성은 필연적으로 근원적 존재를 찾는다(대상에서 출발하여 그 대상의 원인으로 거슬러 올라간다).

우리의 변화 가능한 정신을 돕기 위해 위로부터 내려오는 조명과 그 불변의 진리 덕분에 명제에 대한 지식을 얻게 된다.

이는 조명론이며 영혼이 하느님이신 빛을 비추는 거울이며 빛이 자신의 영혼 깊은 곳에 존재한다는(l'intimior intimo meo) 아우구스티노 전통에 영감을 받았다. 하느님은 모든 조명의 원천이다. 그러므로 지성은 근원과 우주적 진리에 대한 명확한 설명에 도달할 수 있게 된다. 이 사상은 하느님이 사유의 근원이며, 하느님의 감각은 온전하고 영원하다고 말한다. 또한 ,이는 내적 스승, 즉, 내적 조명(interius illustrat)과 연관된다. "그리스도는 내적 스승이다. 모든 영혼에 친밀하고 우리 지성의 어두운 생각들 위에 그의 가장 깨끗한 생각의 빛을 비춘다. 지성은 느낄 수 있는 표현들이 혼재된 모호한 생각들은 빛을 받아 지성은 이해할 수 있는 능력을 갖추게 된다 … 사실, 대상을 이해하기 위해서는 생각의 근원 즉, 자기 안에 진리를 지니기에 진리를 아는 유일한 사람을 받아들여야 한다"(『6일간의 창조에 대한 모음집(Collationes in Hexaemeron, coll.)』, 12, 5; V,386).

결론을 이해하는 지성은 가정에서 필연적으로 유출되는 추론을 직관한다. 그러나 이러한 추론의 논리적 필연성은 (우연적 본성에서) 대상의 물질적 실재나 (한편으로는 허구일 수도 있는) 영혼의 실재에서 나오는 것이 아니라, 신적 정신 안에 있는 모형, 즉 영원한 학문의(in arte aeterna) 모형으로부터(ab exemplaritate in arte aeterna) 나온다. "이로부터 분명하게 드러난다. 우리의 지성이 영원한 진리와 하나되고, 이러한 개입 없이 어떤 것도 확실히 알 수 없다. 어떤 진리도 확실하게 알 수 없다 (nihil verum potest certitudinaliter capere)."

물질적이며 지적이고 영원한 학문 안에서 모든 대상의 존재는 이 마지막 실재로부터 이해할 수 있음에 근거하여, 보나벤투라는 끊임없이 이러한 추론의 토대에 대한 확신을 한다. 사실, 인간 지성은 확실한 인식을 하기에는 두 가지 결점이 있다. 첫째는 존재의 변화 가능성에서 오는 결점이고(알 수 있는 것에서 오는 결점/difetto ex parte scibilis), 둘째는 오류에 빠질 가능성이 있는 지성의 결점이다(정통한 것에서 오는 결점/difetto ex parte scientis). 오직 영원한 학문 안에서만 모든 대상에 대한 완전한 인식이 존재한다. 이러한 이해는 조명을 통해 지성에 참여한다.

4. 숙고, 판단, 원의

의지의 기능은 '숙고'와 '판단', '원의' 안에서 표현된다. 숙고는 이것이 좋은지 저것이 좋은지를 찾는 것이다. 그런데 더 좋은 것은 최고로 좋은 것에 가깝지 않으면 말할 수 없다. 그리고 최상을 닮은 정도에 따라 최상에 가깝게 된다. 실제로 어떤 것이 최상과 유사한지 모른다면 그것이 다른 것보다 더 낫다고 누구도 말할 수 없다. 또 이것을 모르면 어떤 것이 다른 것에 더 닮았는지 누구도 알 수 없다. 예를 들면 내가 베드로를 모르고 그가 누군지 모른다면 저 사람이 베드로를 닮았는지 알 수 없다. 그러므로 숙고하는 사람은 반드시 최고선의 개념을 새겨야 한다.

사물들에 대한 확실한 '판단'은 어떤 법에 기초하여 일어난다. 그런데 그 법이 옳은지를 확신하지 못한다면, 또 그 법을 판단할 권리가 없다는 것을 확신하지 못한다면, 아무도 법에 근거해서 확실한 결정을 내릴 수 없다. 우리 정신은 오로지 자기 자신을 판단한다. 판단을 가능하게 해 주는 법을 판단하지 못하기에 법은 우리 정신보다 상위이다. 정신은 새겨진 법에 따라 판단하기 때문이다.

정신을 창조하신 분 외에 그 어떤 것도 인간 정신보다 상위에 있지 않다. 그러므로 우리의 숙고하는 능력은 판단할 때, '충만한 인식으로' 숙고하길 원한다면 신법에서 끌어올린다.

'원의'는 특히 최대로 끌어당기는 것으로 기운다. 그런데 원의는 더 사랑하는 것을 최대로 끌어당긴다. 그리고 행복을 최대로 사랑한다. 최상과 최종 목적에 도달하지 못하면 행복의 상태에 도달하지 못한다. 그러므로 인간의 '원의'는 최고선으로 향하게 되어 있다. 최고선이든지 아니면 최고선을 닮은 것으로 향하기 때문이다. 최고선의 힘은 이렇게 커서 그 어떤 피조물도 최고선에 대한 원의 외에 다른 것을 사랑하지 않는다. 모상과 외양에 지나지 않는 것을 진실인 양 받아들일 때 피조물은 속게 되고 실수를 범하게 된다.

그러므로 어떻게 영혼이 하느님께 가까이 가는지, 어떻게 기억이 우리를 영원성으로, 지성이 진리로, 의지가 최고선으로 각각 그 작용에 따라 이끌고 가는지를 보라.

<해설>

　의지의 활동은 숙고, 판단, 원의 안에서 표현된다. 이 작용들은 지성에 비추어 묘사된 것들에 유비적으로 일어난다. 숙고는 어떤 이가 선택을 할 때 발생하고, 필연적으로 좋음의 개념을 새긴다. 판단은 우리 안에 새겨진 하느님의 법에 다가갈 때 필요하다. 다시 말해, 우리는 확신에 근거하여 좋음을 판단할 수 없다. 마지막으로, 끝에서 두 번째 대상을 지나면서 원의는 최고선으로 이끌린다. 모든 완료된 좋음은 영혼의 원의를 만족하게 하지 못한다.

　그러므로 이처럼 영혼은 하느님께 가까이 있다. 각각의 작용을 통해서 기억은 우리를 영원으로 이끌고, 지성은 진리로, 의지는 최고선으로 이끈다.

5. 능력의 삼위성

　이 능력의 '순서, 기원, 관계'로 영혼은 우리를 지극히 거룩하신 삼위께로 이끌어 준다. 기억에서 지성이 자녀처럼 나오는데, 이는 기억 안에 현존해 있는 유사성이 지성의 작용으로 재생산될 때 거기에 지성이 있기 때문이며, 이를 말씀이라 할 수밖에 없다. 기억에서 또 지성에서 사랑이 그 둘을 묶는 끈으로써 기출된다. 이들 셋, 즉 산출하는 정신, 말씀, 사랑은 기억과 지성과 의지의 관계로 영혼 안에 있다. 이들은 동일 실체이며, 동등하며, 동일 영원이며, 상호 내재이다.

　만일 하느님이 완전한 영이라면, 기억과 지성, 의지를 가지며, 또한 그분 안에 산출된 말씀과 기출된 사랑이 있으니, 이들은 비록 하나가 다른 것에서 나오지만, 본질로나 우연히는 절대 구별되지 않고, 오로지 위격으로 구별된다.

　그러므로 정신이 그 자신에 대해 고찰한다면 복되신 삼위일체, 곧 '성부, 말씀, 사랑'을 관조하도록 자극을 받는다. 이들 세 위격들은 동일 영원하며, 동등하고, 동일 실체여서 한 위격이 다른 두 위격들 안에 있어 서로 남이 아니고, 셋이 완전히 한 하느님이다.

<해설>

이 세 가지 능력을 조금 더 깊게 숙고해보면, 우리는 하느님에게만 닿을 수 있는 것이 아니라, 하나이며 삼위이신 하느님에게 직접 도달할 수 있다. 사실, 기억에서 지성이 자식처럼 나오고, 기억과 지성에서 사랑이 이 둘을 묶는 끈처럼 나타난다. 그러므로 기억, 지성, 의지는 동일본성이며(consubstantiales), 동등하며(coaequales), 동시대적이고(coaevae), 상호 침투적(se invicem circumincidentes)이다. 그러므로 비례의 유사성을 통해서 영혼을 바라보는 것은 우리를 하느님의 삼위일체에 다다르게 한다.

6. 학문도 삼위성의 모상이다

영혼이 하느님의 모상이 되게 하는 자기의 세 가지 능력들을 통해서 하나이며 셋인 제일 원리에 대한 사변적 인식에, 학문의 여러 빛이, 즉 영혼을 완전케 하며 통합시키는 학문의 여러 빛이 '도움'이 되며, 세 가지 방법으로 복되신 삼위일체 하느님을 표현해 준다.

사실, 철학은 모두 '자연적' 철학, '이성적' 철학, '윤리적' 철학이다. 자연적 철학은 존재의 원인을 다루고 있기에 우리를 성부의 '권능'으로 이끌어 주고, 이성적 철학은 인식의 근거를 다루고 있기에 우리를 '말씀의 지혜'로 이끌어 주고, 윤리적 철학은 삶의 규정을 다루고 있기에 우리를 '성령의 선성'으로 이끌어 준다.

자연적 철학은 '형이상학, 수학, 물리학'으로 나뉜다. 형이상학은 사물의 본질들을, 수학은 수와 도형들을, 물리학은 자연적 사물들을, 또 그것들의 힘과 영향력 등을 다룬다. 그러므로 형이상학은 우리를 '제일 원인'이신 성부께로, 수학은 우리를 성부의 '모상'이신 성자께로, 물리학은 우리를 '성령의 선물'로 이끌어 준다.

이성적 철학은 '문법, 논리학, 수사학'으로 구분된다. 문법은 효과적으로 설명해 주는 능력이고, 논리학은 예리하게 논증해 주는 능력이고, 수사학은 다른 이들을 설득하고 감동하게 하는 능력이다. 이것도 우리에게 복되신 삼위일체 하느님의 신비를 암시해 준다.

윤리적 철학도 '수덕학, 경제학, 정치학'으로 구분된다. 따라서 수덕학은 '제일 원리의 무 탄생성'을, 경제학은 성자의 '친밀성'을, 정치학은 '성령의 관대함'을 표현한다.

<해설>

이러한 숙고는 학문의 도움으로 지탱된다(학문의 빛으로, per lumina scientiarum). 학문은 삼위일체를 세 가지 방식, 즉, 자연철학, 이성적 철학, 윤리 철학으로 표현한다. 첫째는 존재의 원인과 관련하여 성부의 능력/힘에 이르고, 둘째는 인식의 법과 연관되어 성자의 지혜로 데려다주며, 셋째는 삶의 규율을 다룬다.

보나벤투라에게 철학이라는 용어는 인간이 행하는 모든 학문을 포함한다. 이는 세 가지로 구분할 수 있다. 첫째는 이름하여 대상의 진리(veritas rerum)를 다루며, 물리학, 수학, 형이상학을 포함하는 자연철학이다. 물리학은 아리스토텔레스의 작품으로 돌아가는데, 생물학, 동물학, 심리학을 포함한다. 수학은 정수론, 음악, 지리학, 광학, 그리고 천문학 어느 정도의 점성술을 포함한다. 형이상학은 동음이의어(opera omonima)에서 아리스토텔레스가 전념한 문제들을 다룬다.

두 번째는 논술들의 진리(veritas sermonum)를 다루며, 문법, 논리학, 수사학을 포함하는 이성적 철학이 자리한다. [문법은 사변적인 문법의 연설에 대해 언급하는데, 당시에 이를 '여성 모자 제조업자'라고 불렀다. 이는 논고의 부분들(modi significandi)과 개념들(modi intelligendi)과 대상의 사용(modi essendi)이 완벽하게 일치하는지를 다룬다] 보나벤투라는 논리학에서 아리스토텔레스의 오르가논(Organon)을 따른다. 부조화를 없애기에 유용한 수사학은 지시적, 심의적, 비판적인 세 가지 분류로 나뉜다. 세 번째 구분은 개인 윤리(monastica), 가족과 국가 윤리(oeconomica), 사회와 정치 윤리(politica)를 포함하는 윤리적 진리(veritas morum)를 다룬다.

7. 결론

이 모든 학문은 영원한 법에서 우리 정신에 내려오는 빛과 광채들 같아서 분명하고 오류 없는 규칙들을 가지고 있다. 우리의 정신이 장님이 되지 않을 만큼 수많은 광채로 흠뻑 빛을 받아, 자신을 통하여 영원한 빛을 관상하도록 인도되고 있다.

이러한 빛의 발광과 반성은 지혜로운 영을 가진 자들을 감탄케 하지만, 반대로 이해하기 위해서 믿어야 하는 것을 거부하는 미련한 자들을 혼란 속으로 몰아붙인다.

그래서 시편 저자의 말씀은 맞다. "당신은 영광스러우신 분 전리품의 산들보다도 뛰어나신 분! 심장이 강한 자들도 가진 것 빼앗긴 채 잠에 떨어졌습니다. 역전의 용사들도 모두 손을 놀릴 수 없었습니다"(시편 76,5-6).

<해설>

모든 학문은 확실하고 오류가 없는 규율을 지닌다. 그리고 학문은 영원의 법에서 나와 우리의 정신 안으로 내려오는 빛의 광선과 같다. 수많은 빛으로 밝혀짐으로써, 자신을 통하여(per semetipsam) 영원의 빛을 바라보도록 인도된다.

제4장

은총의 선물로 쇄신된
하느님의 모상 안에서 하느님을 관조함

1. 자신 안으로 들어가는 자는 많지 않다

제일 원인은 '우리를 통해서'뿐만 아니라 '우리 안에서'도(사실 이것이 더 좋은 방법이다) 관조 되는데, 이 방법은 관조의 네 번째 단계이다. 그런데 한 가지 이해할 수 없는 일은 위에서도 언급했듯이 하느님이 우리 정신과 아주 가까이 계시지만 우리 중에 그 제일 원리를 우리 자신 안에서 알아보는 이가 아주 적다는 것이다. 그 이유는 아주 명백하다. 우리 정신이 세상 걱정으로 산란하여 '기억'을 통해서 자신 안으로 들어가지 못하며, 감각적 환상으로 흐려져서 '지성'으로 자신 안으로 들어가지 못하며, 육체의 욕망에 이끌려서 내적 달콤함과 영적 기쁨의 '원의'로 자신 안으로 들어가지 못하기 때문이다. 모두가 감각적 사물에 푹 빠져 하느님의 모상으로서 자신 안으로 들어가지 못하고 있다.

<해설>

이제 우리는 바라봄의 네 번째 단계에 있다. 보나벤투라는 우리 정신 안에서 하느님과 친밀함에 도달하는 것이 왜 쉽지 않은지 설명한다. 인간의 정신은 심란하여 기억을 통해 그 자신 안으로 들어가지 못한다. 그리고 정신은 대상들의 수만 가지 형상들로 가려져 있어서 지성을 통해 자기 안으로 되돌아가지 못한다. 게다가, 여러 가지 탐욕으로 기울어져 내적 달콤함을 향한 열망 때문에 자기 안으로

들어가지 못한다. 한마디로, 정신의 문제는 감각적 대상에 사로잡혀있다는 것이다. 이로 인해 하느님의 모상인 자신을 되찾기 위해 자기 안으로 들어갈 수 없다.

2. 신앙과 희망과 사랑을 통해서

만일 누가 함정에 빠졌을 때 누군가가 그 옆에서 그를 도와주고 그에게 '일어나도록 명령'(시편 40,9 참조)하지 않는다면, 그냥 거기에 빠져 있듯이, 우리 영혼도 만일 진리께서 그리스도 안에서 우리 인간의 형상을 취하지 않으셨다면, 또 아담의 죄로 끊긴 첫 계단을 수선하지 않으셨다면, 자신 안에서 자신을 보고, 자신 안에서 영원한 진리를 동시에 직관할 수 없었을 것이고, 이 감각적 세계 위로 올라가지 못했을 것이다.

누가 자연적 빛과 후천적 지식의 빛으로만 조명되었다면, 그는 아직도 자신 안으로 들어갈 조건에 있지 않으며, 이렇게 말씀하시는 그리스도, 즉 "나는 문이다. 누구든지 나를 통하여 들어오면 구원을 받고, 또 드나들며 풀밭을 찾아 얻을 것이다"(요한 10,9)고 하신 그리스도를 통하지 않고서는 '주님의 기쁨을 맛볼 수 있는'(시편 36,4 참조) 조건에 있지 않다.

'믿음, 희망, 사랑'이 없으면 이 '문'에 접근할 수가 없다. 우리가 낙원에서처럼 진리를 즐기고자 한다면, 하느님과 인간의 중재자 예수 그리스도, "동산 한 가운데에 생명나무"(창세 2,9)이신 그리스도에 대한 믿음과 희망과 사랑을 가지고 들어가야 마땅하다.

<해설>

영혼의 비틀린 상태는 위에서 오는 도움 즉, 위로 오를 수 있도록 주어진 계단 없이 해결될 수 없다. 이 계단은 그리스도 안에서 인성을 취한 바로 그 진리이다. 이는 우리에게 내려졌고, 그리스도와 함께 하느님께 올라가도록 우리에게 주어진

다. 계단인 그리스도의 모상은 또한 통과해야만 하는 문이 된다. 거기에는 자연적 빛과 이성적 빛이 있다(이는 자연적 학문과 철학적 학문이 더해져 얻어진 경이로운 지식이다). 하지만 이들 만으로는 충분하지 않다. 바로 신학적 덕행들, 믿음, 희망, 사랑이 주는 다른 종류의 도구가 필요하다. 이 덕행들은 자연적이며 철학적인 유산에 보탬이 되는 동시에 진리를 맛 보는 즐거움으로 이끈다.

3. 헌신, 감탄, 용약

우리 정신의 모상은 정신을 '정화하고 조명하며 완전케 하는' 세 가지 신학적 덕으로 옷을 갈아입어야 한다. 그래야 모상은 쇄신되며, 천상의 예루살렘에 적합하게 되며, 사도의 말씀대로, "하늘에 있는 예루살렘은 자유의 몸으로서 우리의 어머니"(갈라 4,26)와 같이, 하늘의 예루살렘의 딸로서 투쟁하는 교회의 일부가 된다.

예수 그리스도, 곧 육이 되신 말씀, 창조되지 않은 말씀, 성령이 가득하신 말씀, 길이요 진리요 생명이신 예수 그리스도를 믿고 바라고 사랑하는 영혼은 '신앙'으로 그리스도를, '창조되지 않으신' 그리스도를, 말씀이시며 성부의 광채이신 그리스도를 믿으며, 그렇게 영적인 '청각'과 '시각'을 되찾는다. '청각으로' 그리스도의 담론들을 듣고, '시각으로' 그분 빛의 광채를 관조한다.

영혼은 '희망'으로 열망과 애정을 통하여 성령이 가득하신 말씀을 받고자 갈망하고, 영적인 감각, '후각'을 회복한다.

영혼은 '사랑으로 육이 되신 말씀'을 껴안으며, 자신을 버리고 황홀경 같은 사랑으로 그분에게서 기쁨을 얻고, 새롭게 '미각'과 '촉각'을 회복한다. 이러한 감각들을 되찾고 나면 영혼은 자기 신랑을 보고, 느끼고, 향기 맡으며, 맛보고, 껴안으며, 아가의 신부처럼 노래하게 된다. 이 노래는 관조의 넷째 단계에서 부르도록 작곡되었기에, 사랑을 '받는' 사람밖에는 아무도 그것을 '이해'할 수 없으니(묵시 2,17 참조), 그 이유는 그것이 이성적 고찰이 아닌 애정적 경험에 더 바탕을 두고 있기 때문이다.

사실 이 단계에서 영혼은 내적인 감각이 쇄신되었기에, 최고의 아름다움을 느끼고, 최고의 조화로움을 듣고, 최고의 향기를 맡으며, 최고의 부드러움을 맛보고, 최고의 쾌락을 붙잡게 되어, 이제 영혼은 영적인 황홀경에 다다르며, 즉 '헌신, 탄복, 용약'의 황홀경에 들게 되고, 이것은 아가에서 말하는 세 환호성과 연결된다. 첫째 환호성은 '넘치는 헌신'에서 솟아 나오기에, 영혼은 마치 "몰약과 유향, 이국의 온갖 향료로 향기를 풍기며 오는 여인"(아가 3,6)과도 같다. 둘째 환호성은 최고의 '감탄'에서 나오기에, 영혼을 신랑의 감탄으로 들어 올리는 빛살들의 연속성을 통해서 영혼을 "새벽빛처럼 솟아오르고 달처럼 아름다우며 해처럼"(아가 6,10) 변형시킨다. 셋째 환호성은 흘러넘치는 '용약'에서 나온다. 이 때문에 영혼은 '짝없이 감미로운 쾌락과 즐거움에 도취하여 사랑하는 임에게 몸을 기댄다'(아가 8,5 참조).

<해설>

이 세 가지 덕행들은 영혼을 쇄신하고, 특정 방식, 즉, 정화, 조명, 완성의 삼중 과정을 통해서 위계화하여 천상에 일치시킨다. 이렇게 영혼은 다음의 도식에서 볼 수 있듯이 영적 감각을 회복한다.

아래의 과정은 이성적 사유(consideratione rationali) 보다는 감정적 경험(experientia affectuali)으로 더욱 잘 이해할 수 있다. 이에 도달하면 영혼은 아가서에서 말하는 정신적 넘어감의 준비를 마친다.

신앙으로 창조되지 않은 말씀을 믿는다 per *fidem* credit in VERBUM INCREA-TUM	말씀 Verbum	영적인 청각의 회복 recuperat spiritualem auditum	그리스도의 말씀을 받는다. ad suscipiendum Christi sermones	각각의 정배 sponsum suum 듣다 audit	최고 조화를 들음 ad audiendum summe harmonicum
	성부의 빛 Splendor Patris	시각 visum	빛의 광채를 바라본다. ad consideran-dum illius lucis splendores	보다 videt	최고 아름다움을 봄 ad sentiendum summe pulcrum
열망과 사랑을 통해 희망으로 받는다. *spe* suspirat per desiderium et affectum	영으로 충만한 말씀 (생명을 주는 말씀) VERBUM INSPI-RA-TUM	후각 olfactum	영으로 충만한 말씀을 받다 (생명을 주는 말씀) ad suscipiendum Verbum inspiratum	냄새맡다 odoratur	최고의 향기를 맡음 odorandum summe odoriferum
사랑으로 감싸안다 *caritate* com-plectitur		미각 gustum	그분의 즐거움을 받다 ut suscipiens ab illo delectationes	맛 보다 gustat	최고의 달콤함을 맛 봄 degustandum summe suave
육화한 말씀 VERBUM INCARNA-TUM		촉각 tactum	최고 사랑을 통해서 그분 안으로 넘어감. ut transiens in illud per ecstaticum amorem	감싸안다 amplexatur	최고의 즐거움을 안음 apprehendendum summe delectabile

영혼은 세 가지 신학적 덕으로 정화되고 조명받으며 완전해진다.

4. 위계적 영혼

이렇게 되고 나면 우리 정신은 '위계적'이 되어 저 하늘의 예루살렘에 쉽게 오르게 된다. 그 안에 오르기 위해서는 요한 묵시록의 말씀처럼(묵시 21,2 참조) 먼저 은총이 마음 안에 내려와야 한다.

은총은 마음 안에 쇄신된 모상으로, 신학적 덕들로, 영적 감각의 기쁨으로 내려온다. 그리고 영혼은 황홀한 열락으로 '위계적'이 되어, 정화되고 빛을 받고 완전해진다.

이때 영혼은 아홉 등급의 고유한 위계를 부여받는다. 다음 등급들이 순서에따라 즉 '선포, 제안, 인도, 순서, 힘, 명령, 수락, 계시, 도유'가 영혼 안에서 일어난다. 이것은 천사의 아홉 품계에 상응한다. 처음 셋은 인간 영혼의 '본성'과 관계되고, 다음 셋은 '활동'과 관계되고, 마지막 셋은 '은총'과 관계된다. 이러한 작용으로 영혼은 자신 안으로 들어가는데, 마치 하늘의 예루살렘에 들어가는 것과 같다. 거기서 영혼은 여러 품계의 천사들을 보면서 그들 안에서 하느님을 본다. 하느님은 그들 안에 머물면서 그들의 모든 활동의 원리이시다. 이것 때문에 베르나르도는 에우제니오에게 이렇게 편지를 썼다. "하느님은 사랑으로 세라핌[치품熾品] 안에서 사랑하시며, 진리로 케루빔[지품智品] 안에서 인식하시며, 정의로 좌품座品 안에서 서 계시며, 임금으로 주품主品 안에서 통치하시며, 군주로 역품力品 안에서 통치하시며, 구원의 확신으로 능품能品 안에서 통치하시며, 권능으로 권품權品 안에서 행동하시며, 빛으로 대천사 안에서 계시하시며, 자비로 천사 안에서 도와주신다."

이것으로부터 하느님이 "모든 것 안에서 모든 것"(1코린 15,28)임을 알게 된다. 실제로 하느님을 영혼 안에서 관조할 수 있는데, 그것은 그분이 영혼 안에 머무르시고, 당신의 사랑의 은사를 넘치도록 영혼에게 주시기 때문이다.

<해설>

먼저 그 반대가 없다면, 다시 말해(어떠한 방식에서) 정신 안으로 들어오는 천국의 하강이 없다면 이렇게 영혼이 천국(천상 예루살렘)으로 들어 올려지는 것은 불가능하다. 어떻게 천국이 마음으로 내려오는가? 다음에서 나타난다.

1.	모상의 쇄신으로 Per reformationem imaginis	은총으로 Per gratiam
2.	신학적 덕들로 Per virtutes theologicas	믿음 - 희망 - 사랑 Fides – Spes – Caritas
3.	영적 감각의 즐거움으로 Per oblectationes spiritualium sensuum	시각 - 청각 - 후각 - 미각 - 촉각 Visus –Auditus –Olfactus –Gustus –Tactus
4.	황홀한 열락으로 Per suspensiones excessuum	열정 - 경탄 - 환희 Devotio – Admiratio – Exultatio
5.	우리의 영혼이 위계적이 되어 Efficitur spiritus noster hierarchicus	정화 - 조명 - 완성 Purgatus – Illuminatus – Perfectus
6.	9 단계의 위계를 받음 : 9 품계의 천사들과 상응 Et insignitur gradibus novem ordinum: - correspondent novem ordinibus Angelorum - - 1-3 (riguardano la natura dell'anima umana) 인간 영혼의 본성에 관하여 - 4-6 (l'attività) 활동 - 7-9 (la grazia) 은총 (schema di san Bernardo) 성 베르나르도의 개요	nuntiatio (Angeli) 선포, 천사 dictatio (Archangeli) 권고, 대천사 ductio (Virtutes) 인도, 권품 ordinatio (Potestates) 질서(순서), 능품 roboratio (Principatus) 힘, 역품 imperatio (Dominationes)명령, 주품 susceptio (Throni) 수락, 좌품 revelatio (Cherubim) 계시, 케루빔(지품) unctio (Seraphim) 도유, 세라핌 (치품)

5. 성경은 그리스도와의 합일을 돕는다

이 관조의 단계에 주요한 도움은 영감으로 계시된 성경이다. 이전 단계까지는 철학이 도움을 주었다. 성경의 근본 주제는 구원의 활동이다. 이 때문에 성경은 영혼을 쇄신시키는 믿음, 희망, 사랑, 덕행들을 다루는데, 특히 사랑을 다룬다.

사도는 이에 대해서, "그러한 지시의 목적은 깨끗한 마음과 바른 양심과 진실한 믿음에서 나오는 사랑"(1티모 1,5)을 불러일으키자는 것이라고 하였다. 그는 "사랑은 율법의 완성"(로마 13,10)이라고 하였다.

우리 구세주께서도 모든 율법과 예언서는 사랑의 이중 계명으로, 즉 하느님과 이웃에 대한 사랑으로 요약된다고(마태 22,40 참조) 말씀하셨다. 이 두 계명은 교회의 유일한 신랑이신 예수 그리스도 안에서 드러난다. 그분은 우리의 이웃이며 동시에 하느님이시고, 형제이며 동시에 주님이시고, 친구이며 동시에 임금님이시고, 육이 되신 말씀이시며 동시에 창조되지 않은 말씀이시고, 우리의 창조주이시며 동시에 우리의 쇄신자이시고, "알파요 오메가"(묵시 1,8)이시다. 그분은 또한 우리의 최고 대사제로서 당신 신부인 전체 교회와 모든 거룩한 영혼을 정화하고 빛을 비추며 완성하는 분이시다.

<해설>

이 지점에서 인식에 가장 도움을 주는 것은 바로 세 가지 덕행을 이야기하는 성경이다(이전에는 철학이었다). 그중에서도 특히 사랑(carità)을 말한다. 하느님과 이웃을 향한 이중 계명에서 사랑은 모든 계명의 마지막이며, 율법의 완성이다. 이 두 가지 가르침은 하느님이시며 동시에 이웃이시고, 창조되지 않은 말씀이시며 육화한 말씀이시고, '알파요 오메가'이신 그리스도 안에서 잘 나타난다.

6. 성경의 삼중 의미

성경 전체는 이 위계와 위계적 교회를 다루는데, 그것은 그 가르침이 우리의 정화, 조명, 완성을 목적으로, 세 가지 법, 즉 자연의 법, 율법, 은총의 법 안에서, 또는 더 낮게는 세 가지 주요 부분에 따라, 즉 정화하는 모세의 법, 빛을 비추는 예언서의 계시, 완성하는 복음적 가르침에 따라, 또는 특별히 '세 가지 영적인 의미'에 따라, 즉 솔직하게 살도록 정화하는 '우화적' 의미, 정확하게 이해하도록 빛을 밝혀 주는 '비유적' 의미, 황홀한 열락으로 완성시키고 지혜의 달콤한 인지로 완성시키는 '신비적' 의미에 따라 쓰였기 때문이다. 이 모든 것은 위에 언급한 신학적 '덕행', '영적' 감각의 쇄신, 황홀경의 접근, 정신의 위계적 '활동'에 조화되며, 그때 정신은 '거룩한 빛 속에'(시편 109,3 참조) 계시는 하느님을 관조하기 위해서 가장 내밀한 부분으로 들어가고, 거기서 침대에서처럼, '평온히 잠자고 쉬게' 되고, 그때 신랑은 정신이 만족할 때까지 결코 정신을 깨우지 않도록(아가 2,7 참조) 조심한다.

<해설>

성경은 같은 위계적 과정으로 재정립된다. 모세의 계명은 우리를 정화하고, 예언적 계시는 우리를 밝혀주며, 복음은 우리를 완성으로 이끈다. 그렇게 성경의 삼중 지혜, 즉 교훈적 정화, 비유적 조명, 신비적 완성은 우리를 같은 결과로 이끈다(성경적 감각에서 다음의 금언이 나왔다: littera gesta docet, quid credas allegoria, moralis quid agas, quo tendas anagogia, 문자는 사실을 가르치고, 비유는 믿을 것을 말하고, 윤리는 무엇을 해야 할지 알려주고, 신비적 해석은 어디에 힘써야 하는지 이야기한다).

littera gesta docet	quid credas allegoria	moralis quid agas	quo tendas anagogia
문자는 사실을 가르치고 Il senso letterale insegna i fatti (è la lettura storica, oggettiva dei dati)	비유는 신앙을 비추고 L'**allegorico** riguarda la fede (da *àllon*, altro: sotto il linguaggio adoperato vuole esprimere qualcos'altro)	교훈적 해석 또는 윤리는 무엇을 해야 할지 가르치고 Il senso **tropologico** o morale insegna cosa fare (da *tròpen*, norma)	신비적 해석은 어디에 힘써야 하는지 이야기한다 Cosa desiderare, a cosa tendere è il senso anagogico (da *anà*, sopra, e *àgo*, agire)

7. 셋째와 넷째 단계의 종합

중간에 위치하는 이 두 단계는 우리를 '우리 안에' 계시는 하느님을 창조된 모상들의 거울처럼 관조하도록 이끈다. 이것은 날기 위해 펼치는 '중간에 위치한' 날개들을(이사 6,2 참조) 상기시킨다. 셋째 여정에서 이미 살폈듯이 우리는 이성적 영혼의 '자연적' 능력들을 통해서, 즉 그들의 활동, 상호 관계 그리고 인식 능력들을 통해서 천상적 세계를 향하여 친히 인도되고 있음을 인식할 수 있다.

넷째 단계에서 보듯이 우리는 '무상으로' 주입된 덕들로 인해 '쇄신된' 능력들을 통하여, '영적인 감각들'을 통하여, 영혼의 '황홀경'을 통하여 인도되고 있다.

우리는 '위계적 활동'을 통하여, 즉 인간 정신을 정화하고, 빛을 비추고, 완성하는 위계를 통하여, 또한 천사들의 손을 거쳐 우리에게 주어진 성경의 '위계적 계시'를 통해서 인도되고 있다. 이에 대해서 사도는, 율법은 "천사들을 통하여 중재자의 손을 거쳐 공포"(갈라 3,19)된 것이라고 말씀하셨다. 마지막으로 우리는 '위계'와 '위계적인 군대들을' 통해서 인도되고 있는데, 그것은 천상 예루살렘의 모델에 따라 영혼 안에 배열된다.

<해설>

마지막 두 단계로 올라가기 전에 앞의 단계들을 정리해보면, '우리를 손으로 이끈다(manuducimur)'는 용어로 돌아오게 된다. 사실 자연적 능력은 그의 지성적 영혼, 자연적으로 주입된 힘(per ipsius animae rationalis potentias naturaliter insitas, 3 단계), 영혼의 쇄신된 힘, 즉 세 가지 신학적 덕(믿음, 희망, 사랑)을 통해 다섯 가지 영적 감각과 정신적 넘어감(mentales excessus, 4단계)으로 우리를 인도한다. 계속해서 우리는 정화, 조명, 완성의 위계적 작용, 위격적 계시, 그리고 마지막으로 천상 예루살렘에 있는 우리의 정신 속에 위치한 천사들을 따라 인도된다.

8. 사랑에 뿌리박은 영혼

이러한 지적인 빛들로 가득 채워진 우리 영혼은 신적 지혜로부터 하느님의 집으로 선택되고, 하느님의 딸, 신부, 친구가 되고, 머리이신 그리스도의 지체, 자매, 공동 상속자가 된다.

또 영혼은 성령의 궁전이 되는데, 이 궁전은 신앙 위에 기초를 잡고, 희망으로 세워지며, 영혼과 육신의 거룩함으로 하느님께 봉헌되었다.

이 모든 것은 그리스도의 완전한 사랑을 낳는데, 그 사랑은 "우리가 받은 성령을 통하여 … 우리의 마음에 부어"(로마 5,5) 주셨다. 이 성령이 아니면 하느님의 비밀을 전혀 알 수 없다. 마치 "그 사람 속에 있는 영이 아니고서야, 어떤 사람이 그 사람의 생각을 알 수 있겠습니까? 마찬가지로, 하느님의 영이 아니고서는 아무도 하느님의 생각을 깨닫지 못합니다"(1코린 2,11)라고 하신 것과 같다.

우리 모두 사랑에 뿌리박고 사랑 위에 자리 잡도록 하자. 그래서 모든 성인과 함께 그분의 영원함이 '얼마나 길고', 그분의 관대함이 '얼마나 넓고', 그분의 위엄이 '얼마나 높고', 심판하시는 그분의 지혜가 '얼마나 깊은지'를 이해하도록 하자.

<해설>

이제 우리 정신을 비추는 모든 조명은 정신을 하느님께서 머무시는 참된 집으로 만든다. 우리 정신은 하느님의 집으로서 신적 지혜가 거처한다(mens nostra repleta, a divina sapientia tanquam domus Dei inhabitatur). 이 장은 권고로 마무리된다. 사랑이신 하느님의 현존으로 우리 자신은 사랑에 뿌리를 내리고 녹아들기에, 어떠한 상위 지식 없이 하느님의 비밀을 깨닫는 것은(lo scire secreta Dei) 불가능하기 때문이다.

제5장

하느님의 첫째 이름인 존재를 통해서
하느님의 유일성을 관조함

1. 영혼에 새겨진 진리의 빛

하느님을 관상하는 것은 우리 '밖에서', 우리 '안에서' 가능할 뿐만 아니고, 우리 '위에서'도 가능하다. '밖에서'는 흔적을 통해서, '안에서'는 모상을 통해서, '위에서'는 우리 영혼 안에 초월적으로 새겨진 빛을 통해서, 즉 영원한 진리의 빛을 통해서 하느님을 관조하는데, 실제로 우리 영혼은 같은 진리에 의해서 직접 창조되었다.

그러므로 첫째 단계의 관조로 훈련을 받은 사람은 성막 앞에 있는 '현관'에 이미 들어왔고, 둘째 단계의 사람은 '성소'에 들어온 것이고, 셋째 단계의 사람은 대사제와 함께 '지성소'에 들어온 것이다. 거기 계약의 궤 위에는 영광의 속죄판 위에 날개를 펼치고 있는 케루빔들이 자리하고 있다(탈출 25,18 참조).

그들은 하느님의 보이지 않는 영원한 세계를 관조하는 두 가지 방식이나 단계들을 의미하고 있는데, 하나는 본질적 속성들을, 다른 하나는 위격들의 고유성을 보여 준다.

<해설>

이제 우리는 우리 자신 밖의(extra se) 하느님과 그 모상 안에서(in se) 바라본 후, 자신을 영혼에 인장처럼 새겨진 빛을 통해 우리 너머로(supra se) 들어높인다.

2. 하느님의 두 이름: 존재와 선

첫째 방식은 무엇보다도 먼저 우리의 시선을 '존재 자체'로 향하게 하는데, 하느님의 첫 이름은 "스스로 있는 분"이기 때문이다.

둘째 방식은 우리의 시선을 선 자체로 향하게 하는데, 선은 그분의 으뜸 이름이기 때문이다.

첫째 방식은 신적 본성의 단일성을 가르쳐 주는 구약 성경과 관련하고 있다. 모세에게 말씀이 내려왔다. "나는 스스로 있는 자"(탈출 3,14)이다.

둘째 방식은 위격의 다수성을 계시하는 신약 성경과 관련하고 있다. "아버지와 아들과 성자와 성령의 이름으로 세례를" 주라고(마태 28,19) 하셨다.

그래서 율법을 지키고 있었던 젊은이가 완전에 오르고 싶다고 했을 때, 우리의 스승 예수 그리스도는 선이라는 말을 오로지 배타적으로 하느님께만 돌렸다. "하느님 한 분 외에는 아무도 선하지 않다"(루카 18,19).

다마세노(Damasceno)는 모세를 따라 하느님의 첫째 이름을 "스스로 있는 분"이라고 했고, 디오니시오는 그리스도를 따라 하느님의 첫째 이름을 "선"이라고 했다.

<해설>

우리는 하느님과 존재라는 그 첫째 이름에 시선을 고정한다(ipsum esse). 그러나 또한 선(bonum)이라는 이름도 하느님의 첫째 이름이다. 구약은 하느님의 존재에 더 주목하며 신적 존재의 일성을 언급한다. 반면, 신약은 선을 더 바라보며, 성부, 성자, 성령인 신적 위격의 다양성을 가리킨다(5장은 하느님의 존재와 일성을 다루고, 6장은 하느님의 선과 삼위일체를 다룬다).

3. 존재와 비존재

이제 보이지 않는 하느님의 '본질의 단일성'을 관상하고자 하는 사람은 시선을 '존재' 자체에 고정하고, 그 존재는 자존 하심이 '확실'하며 존재하지 않는다고는 생각할 수 없는 분이라는 것을 관찰하라. 왜냐하면, 무는 유를 완전히 배제하는 것 같이, 존재는 '순수 존재'로서 비존재를 완전히 배제하기 때문이다.

이렇게 '절대 무'는 존재나 그 속성을 조금도 갖지 못하는 것처럼, 반대로 존재도 비존재를 현실적으로나 잠재적으로나, 객관적으로나 주관적으로나 전혀 갖지 못하는 것이다.

이렇게 비존재는 존재의 결핍이기에 존재를 통하지 않고서는 전혀 이해할 수 없다. 그런데 존재는 다른 어떤 것을 통해서 이해되는 것이 아니다. 우리가 무언가를 이해할 때는 그것이 '비존재'로, 혹은 '잠재적인 존재'로, 혹은 '현실적인 존재'로 이해하기 때문이다.

비존재가 오직 존재를 통해서 이해된다면, 또 잠재적 존재가 오직 현실적 존재를 통해서 이해된다면, 그리고 '존재'가 존재의 순수 현실을 지시한다면, 결국 '존재'는 지성에 의해서 먼저 이해되는 것이며, 그 '존재'는 순수 현실과 똑같다고 말해야 한다.

이런 존재는 결코 '개별 존재'가 아니다. 그것은 제한적이며 잠재와 혼합된 것이다. 그것은 '유사 존재'도 아니다. 그것은 실존하지 않기에 현실에 나타나지 않는다. 그렇다면 그 존재는 신적 존재라는 결론이 나온다.

<해설>

이 단락은 형이상학적 명상을 제공한다. 이는 우리가 지성과 최고로 단순한 존재 개념을 가지고 깊이 파고들면서 존재를 바라보게 한다. 이러한 심화를 위한

노력은 우리가 자신을 비추는 존재 개념을 이해하게 한다. 그리고 이 노력은 우리 앞에 빛나는 근본적이고 즉각적인 두 가지 진리로 우리를 인도한다. 첫째는 하느님께서 존재하신다는 것이고, 둘째는 마치 존재하는 것처럼 생각될 수 없을 만큼 하느님께서 반드시 필연적으로 존재하셔야 한다는 것이다. 사실 존재하지 않는 것을 생각하는 것은 불가능하다. 하느님은 다른 모든 대상과 달리 우연히 존재하는 것이 아니라, 자신의 본성과 내재적 필연성으로 존재한다. 이는 존재이고 존재하지 않을 수 없는 제일 원인이 논리적이며 존재론적인 가치를 지닌다는 것을 의미한다. 존재 개념보다 최상의 이해를 주는 개념은 없다. 이는 즉각적으로 다른 것들에 비해 더욱 분명하고 확실한 개념으로 드러나고, 사고를 위해 우리가 지니는 가능성의 근원 그 자체로 보인다. 사실, 이 순수한 행위인 존재는 단지 근원뿐만이 아니라 시간 속에서 우리의 지성이 깨닫는 첫 번째 대상이다. 여타의 인식에 선행하는 하느님에 대한 지각은 실질적으로 모든 개념을 포함하는 하느님의 개념을 확립한다.

4. 하느님은 정신의 첫째 빛이시다

참으로 이상한 일은 지성의 맹목이다. 지성이 맨 먼저 보는 것, 그것 없이는 아무것도 알 수 없는 그것을 알아채지 못하고 있을 때이다.

그것은 우리의 눈이 다양한 색깔을 보면서도 여러 사물을 보게 해 주는 빛 자체는 보지 못하는 것과 같다. 혹은 그것을 보면서도 그걸 알아채지 못하는 것과 같다. 마찬가지로 우리 정신의 눈은 '개별적 그리고 보편적' 존재들을 보면서도 모든 종류를 넘어 계시는 존재를, 그것이 지성에 먼저 들어오고 또 그것을 통해서 다른 것들이 온다 해도, 그 존재를 알아채지 못하고 있다.

마치 박쥐의 눈이 빛에 저항하는 것처럼, 우리 정신의 눈도 자연 가운데서 가장 확실한 사물들을 저항하고 있다는 것이 확실하다.

개별 존재들의 어둠과 감각적 환영들에 익숙해 있는 우리 지성이 최고 '존재'의 빛을 응시할 때, 아무것도 보지 못하는 것처럼 보인다. 실제로 같은 어둠이 우리 지성의 첫 빛이라는 것을 이해하지 못한다. 이것은 바로 눈이 빛만을 보게 될 때 아무것도 보지 못한다고 생각하는 것과 같은 것이다.

<해설>

보나벤투라는 존재가 우리 곁에 있음에도 이를 이해하기 어렵게 하는 지성의 맹목을 설명한다. 일상에서 시야에 들어오는 것에 대한 성향, 첫 번째 대상 그리고 우리 시각의 타고난 조건과 같은, 맹목은 우리에게서 장점과 같은 가치판단에서 오는 즐거움을 빼앗는다. 이 때문에 개별 존재와 우주적 존재에 주의를 기울이는 우리의 정신은 우리의 지성에 자신을 드러내는 순수 존재이며, 절대적인 첫째이고, 진리와 완전한 생명의 샘이며, 형용할 수 없는 그 존재를 알아채지 못한다.

5. 순수 존재, 단순 존재, 절대 존재

이제 그대는 할 수 있는 데까지 순수 존재를 고찰하라. 그러면 그 존재는 '다른 것으로부터 받아서' 생겨났다고 생각할 수 없을 것이다. 그 존재는 무無로부터도, 다른 어떤 것으로부터도 오지 않은, 필연적으로 '절대적인 첫 존재'여야 마땅하다.

그 자체로 존재한다는 것은 자존 하거나 자립하는 존재가 아니고 무엇이겠는가?

그 존재는 '비존재를 조금도 가지지 않는' 존재라는 것도, 그래서 시작도 끝도 없는 존재요, '영원한' 존재라는 것도 이해하게 될 것이다.

그 존재는 '존재' 이외에 그 어떤 것도 지니지 않기에, 그 어떤 것과의 혼합이 없는, '지극히 단순한' 존재라는 결론이 나오게 된다.

그뿐만 아니라 그 존재는 어떤 잠재도 없기에(왜냐하면, 잠재란 어떤 식으로든지 '비존재'를 포함하기 때문에), 그 존재는 '완전히 현실'이라는 것이다.

그 존재는 결함이 전혀 없기에, '지극히 완전한' 존재라는 것이다.

자신 안에 그 어떤 '다른 어떤 것'도 없기에, 최고로 '하나'라는 것이다.

결론적으로 그 '존재'는 '순수 존재'이기에 단순 존재이며, 절대적 존재이기에 첫째이며, 영원하며, 지극히 단순하며, 지극히 현실적이며, 지극히 완전하며, 최고로 하나이다.

<해설>

이해할 수 있는 능력의 근거이고, 근본적으로 어떤 것에도 반하지 않으며 신적인 이 존재는 절대적인 첫째, 영원함, 최고의 단순함, 가장 현실적임, 지극히 완전함, 가장 높은 차원의 하나로 나타난다. 존재는 가장 안정된 논리적 필요성을 토대로 개체들 사이에서 발생하는 특징이다.

6. 너의 하느님은 한 분이시다

이 속성들은 너무나 확실해서 존재 자체를 생각하는 사람은 위 속성과 반대되는 것을 생각할 수 없으며, 한 속성은 필연적으로 다른 속성을 포괄한다.

단순하게 '존재'하기에 단순하게 '최초'이다. 단순하게 최초 존재이기에 다른 것으로부터 만들어지지도 않고, 스스로 만들어지게 하지도 않는다. 그러므로 '영원'하다.

마찬가지로 최초요 영원하기에, 다른 것에서 오지 않기에, 지극히 단순하다.

최초요 영원하고 단순하기에, 현실에 '혼합된' 어떤 가능성도 없기에, 순수 현실이다.

최초요 영원하고 단순하고 순수 현실이기에, '완전 무구'하다. 거기에 '부족한 것이 하나도 없고', 아무것도 보탤 것이 없다.

최초요 영원하고 단순하고 순수 현실이고 완전 무구하기에, '최고로 하나'이다. 여기서 모두 최상급으로 말해지는 것은 만물과 관련해서 그런 것이다. '이렇게 최상급으로 언명되는 것은 홀로 단 하나의 존재에게만 적합한 것이다'.

하느님이 최초요, 영원하며, 지극히 단순하며, 지극히 현실적이요, 지극히 완전한 존재라면, 그런 존재가 존재하지 않거나, '한 분이지 않다'고는 생각할 수 없다.

"이스라엘은 들어라. 주 우리 하느님은 한 분이신 주님이시다"(신명 6,4; 마르 12,19).

그대가 이 모든 것을 순수하고 단순한 정신으로 고찰한다면, 머지않아 그대는 영원한 빛의 광채로 빛날 것이다.

<해설>

이제 우리는 다음을 바라보아야 한다. 모든 행위 안에 있고 어떤 방식의 증가와 감소도 필요하지 않은 존재는 그 자체와 늘 같은 존재이며, 절대적 일치에서 나오는 완전한 일성을 즐기는 존재이다. 절대적인 최초이고, 영원하며, 단순하고, 모든 행위 안에 있고, 완전함의 실현이며, 그 자신과 언제나 같고, 하나인 존재다. 그리고 이런 특성들은 상호 연관적이다.

7. 감탄의 최후 이유

그대가 눈을 들어 감탄하게 되는 데는 다른 이유가 더 있다.

'존재'가 최초이면서 '마지막'이고, 영원하면서 '현재적'이고, 단순하면서 '최대'이고, 순수 현실이면서 '절대 불변'이고, 지극히 완전하면서 '무량'이고, 절대 '하나'이면서 '다수'이기 때문이다.

그대가 순수한 정신으로 이 모든 것에 눈길을 고정하고 다음 것을 본다면, 그대는 큰 빛으로 가득 찰 것이다. 그는 최초이기에 '최종'이라는 것이다. 그는 최초이기에 스스로 만물을 창조한다. 그러므로 그는 최종 목적, 처음과 마지막, "알파요 오메가"(묵시 1,8)임에 틀림없다.

그는 또한 영원하기에 '항상 현재'이다. 영원은 다른 것에서 오지 않으며, 스스로 사라지지 않으며, 한 존재 방식에서 다른 존재 방식으로 넘어가지 않는다. 그는 과거도 미래도 없고 오직 현재 '존재'뿐이다.

그는 또한 단순하기에 '최대'이다. 본질 면에서는 지극히 단순하지만 능력 면에서는 최대이다. 능력이 하나로 농축되면 될수록 그만큼 더 무한하기 때문이다.

순수 현실이기에 '절대 불변'이다. 오로지 현실이기에 순수 현실이다. 이런 존재는 새로운 것을 얻지도, 이미 가지고 있는 것을 잃지도 않는다. 그러므로 변하지 않는다.

지극히 완전하기에 '무량'이다. 지극히 완전한 것보다 더 좋고, 더 고상하고, 더 품위 있거나, 더 위대한 것은 생각할 수 없다. 이런 존재는 무량이다.

최고로 하나이기에 '다수'이다. 절대 하나는 모든 다수의 보편적 원리이다. 따라서 만물의 보편적 원인, 즉 효능 원인, 모형 원인, 목적 원인이다. 그 존재는 '존재의 원인, 이해의 준거, 생활의 규범이다.'

'다수'라는 것은 그가 만물의 본질이라는 의미에서가 아니라, 그가 만물의 최고 원인이요, 보편 원인이요, 충족 원인으로서 그의 능력이 본질에서 최고로 하나이면서 동시에 그의 산출에 있어서도 그의 능력이 최고로 무한하며 다수이기 때문에 그렇다.

<해설>

우리의 첫 번째 연구 결과는 하느님의 이름을 묵상하여 하느님의 일성을 이해하는 것이다. 두 번째는 새로운 관상으로 우리를 이끌면서 시작한다. 그래서 보나벤투라는 미묘한 대립의 움직임을 통해(대립하는 것들의 일치, coincidentia oppositorum) 신적 완전함이 반대의 완전함과 이루는 대비를 보게 한다. 사실, 어떤 의미로는 반대로, 다른 한편으로는 매우 명확하게, 절대적 완전함은 실제적인 다른 것과 대비를 이룬다.

8. 지복직관至福直觀

위에서 말한 것을 종합하자. 지극히 순수하고 절대적인 존재는 단순히 '존재'이기에 처음과 끝이고, 만물의 '기원이며 완성'이다.

'영원'하며 '지극히 현재적' 존재이기에, 그는 시간 속에 존속하는 만물을 감싸고 안으로 들어간다. 그는 그들 존재의 중심과 주변에 동시에 존재한다.

'단순 자체'이고 '최대'이기에, 그는 만물 안에 있으면서 동시에 만물 밖에 있다. 따라서 '중심이 따로 없고 변두리가 따로 없는 환상적 원'이다.

'순수 현실'이며 '절대 불변'이기에, 그는 '부동不動의 원동자原動者'이다.

'완전 자체'이며 '무량'이기에, 그는 만물에 내밀히 있지만 담기지 않고, 만물 밖에 있지만 제외되지 않고, 만물 위에 있지만 초월해 있지 않고, 만물 밑에 있지만 종속되지 않는다.

'절대로 하나'이며 '다수'이기에, 그는 "모든 것 안에서 모든 것이"(1코린 15,28) 된다. 만물은 비록 다수이지만 그는 오로지 한 분이다. 지극히 단순한 '일성' 때문에, 지극히 분명한 '진리' 때문에, 지극히 진실한 '선성' 때문에, 그는 모든 힘, 모든 모형, 모든 전달을 소유한다.

그러므로 "만물이 그분에게서 나와, 그분을 통하여, 그분을 향하여 나아"(로마 11,36)간다. 그는 '전능'하시고, '전지'하시고, '전선'하시기 때문이다. 그분을 이렇게 완전히 보는 것이 지복이다. 모세에게 말씀하신 대로이다. "나의 모든 선을 네 앞으로 지나가게"(탈출 33,19) 하겠다.

<해설>

사실 하느님은 현존재라고 불린다. 즉, 완전무결한 현재이다. 하느님의 단순성은 헤아릴 수 없는 거대함이다. 하느님의 활동과 불변성은 일치한다. 최고 일성은 모든 것을 이해할 수 있는 하느님의 본성이다. 아우구스티노는 하느님을 존재의 이유(causa essendi), 인식의 근거(ratio intelligendi), 삶의 질서(ordo vivendi)라고 정의한다. 보나벤투라는 하느님이 모든 곳에 중심을 지니며 어떤 곳에도 원주圓周가 없는 이상적인 구체라는 릴라의 알라노(Alano di Lilla +1202)를 인용한다. 보에티우스(Boezio +524)를 언급하며, 하느님은 부동의 실체이고, 다시 말해 모든 것은 하느님이 된다고 말한다. 즉, 하느님은 모든 것 안의 모든 것이다(1콜로. 15,28). 하느님은 모든 완전함과 형이상학적인 것들의 극치이고, 일성, 진리, 선으로 구성된다. 이러한 작용은 존재들의 보편성을 산출하고, 만들고, 풍요롭게 하는 능력에서 나온다. 하느님은 전능하시고 지혜로우시며 영원한 선이시다.

제6장
하느님의 이름인 선 안에서
삼위일체 하느님을 관조함

1. 선 이름의 기초

본질에 관한 속성들을 고찰한 후 이제 눈을 들어 복되신 삼위일체를 직관해야 하며, 둘째 케루빔을 첫째 케루빔 옆에 위치해야 한다. 본질의 속성들을 보기 위해서 근본적 원리와 다른 나머지를 밝혀 주는 이름이 '존재' 자체였듯이, 삼위의 유출을 관조하기 위해서 근본적 기초는 '선' 자체이다.

<해설>

존재를 다룬 후, 선이신 하느님에 대한 숙고가 따른다. 선은 자기 확장적인 존재이다. 일성이라는 신적 특성의 신비로움을 바라본 후, 이제 우리는 성부와 성자와 성령으로 이루어진 삼위일체의 모습을 파헤친다.

2. 선의 관념 속에 삼위일체가 표상된다

최고로 좋은 것은 단순하게 말해서 그것보다 더 좋은 것이 있다고는 생각할 수 없다는 것을 주의 깊게 보아라. 그것은 존재하지 않는다고 생각할 수 없다는 것을 보아라. 왜냐하면 절대적인 의미에서 존재가 비존재보다 더 좋기 때문이다. 그것이 셋이면서 하나가 아니면 옳게 생각한 것이 아니다.

사실, '선은 그 자체로 확산적'이라면, 최고선은 최고로 자기를 확산하는 것이다. 최고 확산성은 그 존재가 '현재적, 내재적, 실체적, 위격적, 자연적, 의지적, 자유적, 필연적, 부족함이 없고, 완전한 존재'이지 않으면 안 된다.

그렇다면, 만일 최고선 안에 어떤 영원한 산출, 즉 현실적이며 동일 실체적인 산출이 없다면, 동등한 품격을 지닌 어떤 위격이 없다면, 마치 출산의 방식과 기출의 방식으로 산출하는 분 안에 일어나는 것 같이, 즉 영원으로부터 공동 시작인 영원한 원리의 특징으로서, 사랑받으시는 분과 양쪽으로부터 사랑받으시는 분, 산출되신 분과 기출되신 분, 다시 말해서 '성부, 성자, 성령'이 없다면, 그것은 최고로 확산적이지 않기에 최고선이라고 말할 수 없을 것이다.

그런데 '피조물' 안에서 확인되는 확산성은 영원한 선의 광대함에 비교할 때 하나의 중앙이나 점에 불과할 뿐이다. 그러므로 그것보다 더 큰 확산을 항상 생각하게 되는데, 그것은 바로 자기의 실체 전부와 본성 일체를 남김없이 모두 전달하는 확산이다.

현실적으로나 개념적으로나 뭔가 부족하다면 그것은 최고선이 아닐 것이다.

이제 그대가 정신의 눈으로 선의 순수함을 직관하고, 그 원리의 순수 현실, 즉 '은혜로 주는' 사랑과 '당연히 받는' 사랑으로 사랑하시고, 두 사랑의 혼합된 사랑으로 사랑하시는 그 원리의 순수 현실을 동시에 직관한다면(이것이 바로 '말씀'의 고유한 '자연'의 방식과 '의지'의 방식 안에서 이루어지는 지극히 충만한 확산성이며, 이 말씀 안에서 만물이 일컬어져 나온다. 또 '선물'의 방식에서도 마찬가지인데, 그 안에 모든 선물이 담겨 있다), 선의 최고 '교류'로 '삼위일체 하느님, 즉 성부와 성자와 성령'이 필연적으로 존재한다는 것을 이해하게 될 것이다.

이 삼위 안에 최고 '교류'가 있고, 최고 '교류'로 말미암아 최고 동일 실체성이 나온다는 것이 필연적이다. 최고 동일 실체성으로 말미암아 최고 '동형성'이 있어야 하고, 거기에서부터 최고 '동일 동등성'이 있어야 하고, 당연히 최고 '동일 영원성'이 있어야 한다. 이 모든 것으로부터 최고 '동일 친밀성'이 있어야 하고, 당연히 한 위격은 다른 위격 안에 있는, 이른바 '상호 내재성'이 있어야 한다. 그래서 한 위격이 다른 위격과 함께 활동하지만, 삼위일체 하느님은 본체와 능력과 행동에 있어서 절대적으로 분리되지 않는다.

<해설>

보나벤투라는 성 안셀모의 『독어록(獨語錄) Monologion』을 반영하며 더 좋은 것을 생각할 수 없는 최고선이라는 철학적 근원에서 출발한다. 이 철학적 근원에 하느님은 하나이자 셋이라는 것이 드러난 계시의 논거를 첨부한다. 이제 선은 자기 확장성으로 인해 퍼지고, 팽창하길 원하며, 다른 것에 참여한다. 그리고 이 참여는 완전하길 바란다. 여기에서 타자에 대한 자신의 신적 증여는 '실제적'이고 '본성적'인 형태, 본질적이고 위계적인 형태, 그리고 자연적이며 의지적인 형태로 구현된다. 이 증여는 모자람이 없기에 변하지 않고 영원하다. 최고선은 타자를 위해 자신을 줄 수 있으므로, 참으로 영원한 산물을 낳는다. 또한, 최고선은 스스로와 동일 본질로 지속하는 산물이며, 낳는 이와 태어난 이, 그리고 증여 받은 이에게 모든 것이 같으며 스스로 충만한 위격(persona)이 되는 산물이다. 이러한 방식으로 위격은 산출하는 존재를 넘어 영원으로부터 산출된 위격이며 동시에 다른 것과 함께 공동원인이 되는 위격이다. 이는 필연적으로 성부, 성자, 성령의 삼위일체에 존재하는 선이 지니는 가장 큰 덕행인 통교성에 있다.

3. 놀람에서 놀람으로

그대가 이 모든 것을 관조할 때 이해 불가능한 것을 다 이해했다고 착각하지 말아야 한다. 위의 여섯 가지 특성에 대해서, 우리 정신의 눈에 강한 놀람과 감탄을 불러일으키는 뭔가가 있음을 고려해야 한다. 사실 위격들의 '고유성'과 결부된 최고의 '교류'가 있고, '위격들의 다수성'과 결부된 최고 '동일 실체성'이 있고, 위계적 질서와 결부된 최고의 '동일 동등성'이 있다. 최고 '동일 영원성'은 '유출'과 결부되고, 최고 '동일 친밀성'은 '발출'과 결부된다.

이렇게 큰 기적을 보고 그 누가 감탄하지 않을 수가 있겠나? 우리가 눈을 들어 선의 최고 탁월성을 보기만 하면, 복되신 삼위성 안에 현존하는 이 모든 특성을 확실히 이해할 수 있다. 사실 최고 교류와 참된 확산이 있다면 거기엔 참된 기원과 참된 구별이 있다. 또 부분이 아니라 전체가 확산되기에 가지고 있는 모든 것이 주어진다. 따라서 발출자와 산출자는 본질적으로는 하나이지만, 그 고유성의 구분을 유지한다.

위격들 안에는 고유성에 따라 '구별되기에' 위격적 고유성과 위격의 다수성이 있고, 유출로 인한 기원, 기원의 연속으로 인한 질서, 선후가 아닌 순서, 장소의 변화로 생긴 것이 아니라, 산출하는 분과 파견하는 분의 권위에 기인하는 자유로운 기출이 있다.

위격들은 단 하나의 실체이기에 거기에는 본성에 있어서, 형태에 있어서, 위엄에 있어서, 영원성에 있어서, 실존에 있어서, 무량성에 있어서 당연히 하나이다.

그대가 이런 것들을 '개별적으로 하나씩 고찰'할 때 진리를 관조할 수 있다. 그것들을 '상호 간에 비교'한다면 더 높은 감탄에 도달하는 이유를 갖게 된다. 그대는 그대의 정신으로 감탄에서 시작하여 감탄하는 관조로 넘어가기 위해서 이 모두를 '동시에' 고찰해야 한다.

<해설>

삼위일체를 설명하기 위한 이러한 시도로는 모든 인간의 이해력 너머에 있는 신비를 이해할 수 없다. 그러나 초월적 빛의 광선이 비추는 인간의 정신은 신적 삼위가 공유하는 여섯 가지 형이상학적 상황에 도달하면서 탐구를 지속하게 된다. 그들의 완전한 동일본질성은 참된 신적 삼위의 존재와 같다. 동등하게 그것들은 완전하며, 또한 동시에 확실하게 구분되고 서로 섞이지 않는다. 이들은 완전하게 영원히 공존하지만 서로에게서 발한다. 이들은 자기들의 상호 내재성으로 특징지어지지만 다양한 일과 사명을 지닌다. 삼위일체에서 신적 삼위는 일부가 아니라 전체적으로 온전히 통교한다. 그들 각자는 서로에게 자기 전부를 내어준다.

4. 하느님의 삼위일체와 말씀의 육화

서로 마주 바라보고 있는 두 케루빔은 바로 이것을 지시한다. 거기에 어떤 신비적 의미가 있으므로 "커룹들의 얼굴은 속죄판 쪽으로 향"(탈출 25,20)하고 있다. 이 말은 요한복음에서 주님이 말씀하실 때 확인된다. "영원한 생명은 홀로 참 하느님이신 아버지를 알고 아버지께서 보내신 예수 그리스도를 아는 것이다"(요한 17,3). 우리는 하느님의 본질적 속성들과 위격적 속성들을 감탄하되, 그 자체 안에서 감탄할 뿐만 아니라, 그리스도의 위격의 단일성 안에 하느님과 인간이 기묘하게 결합된 '비교'를 통해서도 감탄해야 한다.

<해설>

하나이며 삼위이신 하느님의 형이상학적이며 본질적인 상태에 감탄한 후, 이제 우리는 그리스도의 위격 안에서 일어난 하느님과 인간의 일치, 이 놀라운 신비의 통찰을 통해 이들을 비교한다.

5. 하느님이신 예수 그리스도

그대가 첫째 케루빔이 되어 하느님의 본질과 관련된 속성들을 관조한다면, 신적 존재가 '최초'이면서 마지막이며, '영원'하면서 항상 현재적이며, '지극히 단순'하면서 무량하여 제한이 없고, '무소부재'하면서 담기지 않고, '항상 현재'이면서 변화되지 않고, '지극히 완전'하면서 그 어떤 지나침이나 부족함이 없이 무량하면서 무한하고, '최고로 하나'이면서 자신 안에 모든 것을 담고 있기에 다수적이며, 온갖 힘, 온갖 진리, 온갖 선을 담고 있는 하느님의 본질적 속성들을 관조한다면, 그대는 '속죄판'을 바라보아라. 속죄판 안에서 어떻게 제일 원리가 마지막 원리와 만나고, '하느님'이 여섯째 날에 창조된 인간과 만나고, '영원'이 때가 찼을 때 동정녀로부터 탄생한 시간적 인간과 만나는지를 감탄하라. 또 '최고 단순' 존재가 최고로 복합된 존재와 만나고, '순수 현재' 존재가 최고로 수난하고 죽음에 넘겨진 존재와 만나고, '최고로 완전'하고 무량한 존재가 보잘것없는 존재와 만나고, '최고로 하나이며 다수적' 존재가 복합적이며 다른 이들과 구별되는 개체적 존재, 인간 예수 그리스도와 만나게 되는지를 감탄하라.

<해설>

보나벤투라는 그리스도의 위격 안에서 제일 원인이 마지막과 일치하고, 창조주가 인간과 하나 되며, 영원이 순간의 피조물과 일치하고, 최고의 단순함이 가장 복잡한 인간과 하나 되며, 순수 실재가 죽음의 주체와 일치하고, 완전함이 가장 작은 대상과 하나 되며, 하나이며 전부인 존재가 개별적이고 복합적인 개체와 연결되는 경탄으로 인도한다.

6. 예수 그리스도는 육화되신 말씀

그대가 둘째 케루빔이 되어 위격들의 '고유한' 속성들을 관조하면서 '교류'가 '고유성'과 일치하고, '동일 실체'가 다수성과 일치하고, '동형성'이 위격성과 일치하고, '동일 동등성'이 연속의 순서와 일치하고, '동일 영원함'이 출산과 일치하고, '상호 친밀성'이 발출과 일치하는지, 즉 성자는 성부로부터 파견되며, 성령은 성부와 성자로부터 파견되지만, 위격들은 서로 떨어지는 일 없이 항상 함께 있다는 것을 감탄하게 된다.

이제 그대는 속죄판을 바라보고 그리스도 안에 '위격적 결합'이 있고, 위격의 삼성과 본성의 이중성이 있음을 감탄하라. 또 그 안에 의지의 다수성과 함께 공존하는 '절대적인 조화'가 있음을 감탄하라. 그 안에 고유한 속성들의 복수성이 있음에도 하느님과 인간에 대한 '동시적 언명'이 있음을 감탄하라. 품위의 복수성이 있음에도 공존적으로 흠숭되고 있음을 감탄하라. 위엄의 복수성을 인정하면서도 모든 것을 초월하는 동일한 '찬양'이 있음을 감탄하라. 또 힘의 다양성이 있음에도 공통 '주권'이 있음을 감탄하라.

<해설>

그리스도 안에서 '신적 본성과 인간적 본성', 그리고 '본질적 삼위일체와 본성적 이중성'의 위격적 결합이 공존한다. 이는 하나는 신적이며 다른 하나는 인간적인 원의를 지닌 가치의 완전하고 전적인 일치이다.

비록 이 특징들이 온전히 각각의 것들이며 각자에게 속한다 하더라도, 그리스도 안에서 하느님과 인간에게 적합한 특징들이 공존한다.

7. 여섯째 날

이런 고찰로 정신은 완전한 빛을 받게 되는데, 그것은 마치 여섯째 날에 하느님의 모상으로 창조된 인간(창세 1,26 참조)을 보는 것과 같다. 실제로 '모상'이 닮음을 표현한다면, 우리의 정신이 그리스도 안에서 하느님의 아들, "보이지 않는 하느님의 모상"(콜로 1,15)을 관조할 때, 놀랍게 현양되고 신비롭게 하나가 된 우리 인간성을 고찰할 때, 즉 처음과 마지막이, 최고와 최하가, 주변과 중심이, "알파와 오메가"(묵시 1,8)가, 결과와 원인이, 창조주와 피조물이, '안에 쓰인 두루마리와 밖에 쓰인 두루마리'(에제 2,9-10 참조)가 하나로 결합하였다는 것을 고찰할 때, 정신은 거의 완벽한 단계에 이르게 된다. 이는 마치 여섯째 날에 하느님께서 당신 빛의 완성에 도달한 것과 같다.

이제 정신에게는 안식일밖에 없다. 이때 영혼은 황홀경에 사로잡혀 "하시던 일을 마치시고 이렛날에 쉬"(창세 2,2)려는 인간 사고의 영민함에 동의하게 된다.

<해설>

여섯 번째 단계에 이르러 우리의 정신은 충만한 조명으로 하느님을 바라본다. 그리고 정신은 그 어떤 것도 남기지 않고 안식일로 나아간다는 확신을 한다.

제7장
인간 영혼의 탈혼: 지성은 휴식을 취하고
감성은 하느님께 완전히 사로잡혀 그분 안에서 혼절한다

<해설>

여정의 마지막 장의 제목은 '안(in)'과 '통하여(per)'라는 전치사의 공존을 잘 이해할 수 있는 새로움을 드러낸다.[9] 앞선 장들은 흔적을 통해서, 흔적들 안에서, 모상을 통해서, 모상 안에서, 이름을 통해서, 이름 안에서(per vestigia, in vestigiis; per imaginem, in imagine; per nomen, in nomine) 같은 방식의 전치사 사용을 보여준다. 반면 마지막 장에서 이러한 이중 관점은 '안(in, 상태)'과 '통하여(per, 방식)' 보다 먼저 경험하게 되는 '넘어감(excessus)'에 그 자리를 내어준다(in excessu, per excessum).

지성(intellectus)과 감성(affectus)[10]이라는 단어의 조합은 인간의 두 가지 기본적

---

9 편집자 주: 7장의 제목을 전치사에 유의하여 번역하면 다음과 같다. "정신적이며 신비적인 넘어감, 이에 지성에게 휴식을 주며 탈혼을 통해 감성이 온전히 하느님 안으로 넘어감"(de excessu mentali et mystico, in quo requies datur intellectui, affectu in Deum per excessum totaliter transeunte).

10 편집자 주: 라틴어의 'affectus'는 우리말로 정확하게 옮기기가 힘들다. 영어로는 'affection, mood, emotion, feeling, compassion, sympathy, love'로 번역되는 단어이다. 『보나벤투라 사전(Dizionario Bonaventuriano)』은 다음과 같이 정의하고 있다: " 'affectio' 종종 'affectus'로 사용되는 단어는 우선 영혼이 지닌 탐구/연구 능력을 말한다. 이는 지식의 능력과는 구분되며 상호보완성을 지닌다. 그리고 동시에 이 능력의 활동을 말한다. 이는 의지에 바탕을 둔 직접적 움직임일수도, 기쁨과 슬픔 같은 감정(감각적 경험)에 영향을 주는 열정(passione)일수도 있으며, 또한 사랑(carità)이나 하느님을 향한 갈망 같은 영혼의 탐구 능력을 형성하는 변치않는 태도들일 수 있다."("Affectio", 『Dizionario Bonaventuriano』, Editrici Francescane, 2008, pp.150-155) 우리말에서는 '정감'이라고 번역된 경우가 있고: 이준섭, 「정감적

인식 방식을 요약한다. 전통적인 인식의 활동은 지성으로 이루어진다. 이는 눈과 귀를 통해 이루어지며, 시각적이고 청각적인 인식으로 명확한 체계에 도달하고, 잘 이해할 수 있게 하는 표현가능한 개념을 얻는다. 반면에 후각, 미각, 촉각의 세 가지 감정적인 감각(sensus affectivi)에 따라 이루어질 수 있는 감정적인 인식을 통해 개인은 깨달음으로써 대상과 결합하고, 이러한 결과는 바로 내적 관계, 경험적 깊이, 지혜의 맛, 체득된 지식이 된다(Cf. lo schema presentato nell'allegato "I 5 sensi, 5 elementi,...", numero 6, tratto da In III Sent., d.13, d.1; III, 291-292a). 결론적으로 오늘날 우리가 말하는 방식에 따르면, 우리는 지성적 이해를(la conoscenza dell'intellectus) 단순하게 지식이라고 부른다. 한편, 감정적 이해는(la conoscenza dell'affectus) 사랑, 다시 말해 사랑에서 오는 지식 또는 인식적 가치 안에 있는 사랑이다. 하느님에 대한 체험적이고 지성적인 인식의 맥락에서 이 신비적 이해는 경험의 시작이다. 하지만 완전한 성취는 감성(affectus)안에 있다.

'밖으로 가다excedere'라는 동사에서 유래하는 '넘어감excessus'이라는 단어는 자기로부터 보고 깨닫길 원하는 대상을 향해 나가는 것을 뜻한다. 이 '나감'의 동기는 인식의 대상이 존재함, 하느님, 개인의 인식 능력을 넘어서는 불일치의 대상이다. 이는 자기 안으로 들어가서는 이룰 수 없고, 자기에게서 나와 하느님 안으로 들어가야 한다. 개인은 하느님을 알 수 없지만(non capit Deum), 하느님으로 인해 알게 되고(capitur a Deo), 하느님을 갖지 않거나(non habet Deum), 이와 반대로 하느님을 갖는다. 하느님으로 인해 갖게 됨으로써(habetur a Deo) 하느님을 소유하게 된다. 이는 자신에게서 나와 하느님께로 가는 길이다. 자신을 잃어버린 인간은 충만한 진리의 하느님 안에서 자신을 온전히 찾는다.

신비주의자로서 보나벤투라Bonaventure -디오니시우스의 신비적 전통을 이해하기 위한 해석적 시도』, 『신학논단』, 제78집, 2014.12, 191-222쪽; 한편 원문의 번역자는 이 단어를 '감성'이라고 번역하였다. 어떤 단어로 의미를 다 포함할 수 없기에 해설에서는 각각 상황에 맞는 용어를 사용하여 번역하였음을 밝힌다.

1. 건너온 여섯 단계의 출구

지금까지 설명한 여섯 가지 고찰들은 평화로 이끄는 '참 솔로몬의 옥좌에 이르는 여섯 계단'과 비슷하다. 거기서 고요한 영혼을 지닌 참으로 평화로운 사람은 내적인 예루살렘에서처럼 휴식을 취한다.

여섯 고찰은 '케루빔의 여섯 날개'를 닮아 그 날개를 타고 참된 관상자의 영혼은 천상의 지혜의 빛으로 채워져 하늘 높이 날아간다.

여섯 고찰들은 '최초의 여섯 날'과 같아 그 기간 정신은 휴식의 안식일에 도달하기 전에 자신을 수련해야 한다.

우리 정신은 '자신 밖에서', 즉 하느님의 흔적을 통해서, 흔적 안에서 하느님을 직관하였고, '자신 안에서', 즉 하느님의 모상을 통해서, 모상 안에서 하느님을 직관하였고, '자신 위에서', 즉 우리 위에 빛나는 신적 빛의 유사성을 통해서, 또 신적 빛 안에서, 즉 나그네 신분과 사고 능력 안에서 가능한 만큼 하느님을 직관하였다.

마지막으로 정신은 여섯째 단계에 이르러, 제일 원리와 최고 원리 안에서, "하느님과 사람 사이의 중개자"(1티모 2,5) 예수 그리스도 안에서, 피조물 가운데서는 비슷함을 발견할 수 없고, 또 인간 지성의 영민함을 넘어가는 것들을 관조할 수 있다.

이제 영혼에게 이 모든 관조를 넘고, 이 감각적 세계를 넘고 자신마저 넘어가는 것밖에 없다.

이런 넘어감에서 그리스도는 '길이며 문'(요한 14,6; 10,7 참조)이다. 그리스도는 '하느님의 궤 위에 놓인 속죄판'(탈출 25,21 참조)으로서 '사다리며 수레'이고, '영원히 감춰진 신비'(에페 3,9 참조)이다.

<해설>

상승의 여섯 가지 단계를 되돌아본다. 이 여섯 가지의 '바라봄'들은 정신 안으로 들어왔다.

솔로몬의 왕좌에 닿기 위한 여섯 단계, 탁월함을 사유한 왕(성경의 비유적 언어를 통해 참 솔로몬인 예수 그리스도를 보아야 한다). 이 단계들은 평화로 이끈다.

케루빔의 여섯 날개. 이 덕분에 관상자는 지혜를 향해 올라갈 수 있다.

창조의 6일. 이날 동안 정신은 토요일(안식일)에 쉬기 위해 일을 해야만 한다. 그래서 우리의 영혼이 자기 밖의 창조 흔적 안에서, 자기 안에서 모상을 바라보면서, 자기 너머 유사성을 통해서 하느님을 동시에 바라볼 수 있게 된 후에(contuire Dio) - 이는 개인이 길 위에 있음(in statu viae)으로써 가능하고 정신의 활동에 따른다 - 마지막으로 이제 자연에서 발견할 수 없는 것들과 인간의 지력을 넘어서는 것들을 관상할 수 있다. 또한 여기서 영혼은 단지 인식 가능한 세상뿐 아니라 그 자신조차 초월하고 건너가게 된다. 인간은 길이며 문이신, 계단이며 매개체이신, 계약의 궤 위에 놓인 속죄판이며 시간 속에서 감추어지고 알려지지 않은 성사이신 그리스도 안에서 이 통로를 발견한다.

2. 그리스도와 함께 파스카

십자가에 못 박힌 그리스도를 신앙과 희망, 사랑, 헌신, 감탄, 용약, 존경, 찬미와 환호로 바라보면서 자기 얼굴을 완전히 돌려 이 속죄판을 바라보는 사람은 그분과 함께 '파스카', 즉 '넘어감'을 경험할 것이다(탈출 12,11 참조). 그런 사람은 십자가라는 지팡이를 통해 실제로 홍해를 건너고 이집트를 빠져 나와 사막으로 들어가, 거기서 '감춰진 만나'(탈출 16,31 참조)를 맛볼 것이다. 또 그는 그리스도와 함께 외부적인 사물에 죽은 자 되어 무덤에서 쉴 것이다. 그러나 그는 나그네의 처지에서 가능한 한, 그리스도의 말씀, 즉 당신과 공동 상속자가 된 강도에게 이르신 말씀을 들을 것이다. "너는 오늘 나와 함께 낙원에 있을 것이다"(루카 23,43).

<해설>

신비적 건너감의 이 길은 바로 그 길을 뜻하는 '파스카'를 상기한다. 이집트를 나와 십자가 지팡이의 도움으로 홍해를 건너고, 숨겨진 만나를 맛보기 위해 사막으로 들어감을 상기한다. 십자가 위에서 도둑에게 하신 말씀을 듣기 위해서 외부 세상에 대해 죽은 것처럼(asi exterius mortuus) 그리스도와 함께 쉰다. "오늘 나와 함께 낙원에 있을 것이다."(루카 23, 43)

3. 성 프란치스코: 하느님께 넘어감의 모델

이 모든 것이 성 프란치스코에게도 명백히 나타났다. 그가 산 정상에서 관상에 빠져 탈혼의 경지에 있었을 때 십자가에 매달린, 여섯 날개를 지닌 세라핌이 나타났다. 나도 같은 곳에서 지금 쓰고 있는 것을 구상했다. 나는 몇몇 형제들과 함께 그 당시 프란치스코와 함께 있었던 동료에게서 들었다.

바로 이곳에서 그는 황홀한 관상에 집중하여 하느님께 건너가, 완전한 '관상'의 모델이 되었으니, 이는 마치 그가 제2의 '야곱과 이스라엘'(창세 35,7 참조)처럼 먼저 '행동'의 모범이 되셨던 것과 같다.

이렇게 참으로 영적인 모든 사람에게 이런 영의 건너감과 달려감의 초대가 그의 말보다는 행동으로 주어졌다.

<해설>

하느님께 나아가는 정신의 여정이 마음에 새겨진 그 산 위에서 성 프란치스코에게도 이 모든 것이 일어났다. 건너감, 즉 프란치스코가 완성한 통로는 - 관상적 넘어감을 통해 하느님 안으로 건너감(in Deum transiit per contemplationis excessum) - 말이 아니라 행동의 확실함으로 모든 관상가를 초대한다.

4. 성령의 선물

이 건너감이 완전해지기를 원한다면 모든 지적인 활동들을 접어야 하고, 감성이 완전히 변하여 하느님 안에서 변형되어야 한다.

이 상태는 신비스럽고 비밀스러운 것이기에 '그것을 받는 사람 말고는 아무도 그것을 알지 못한다'(묵시 2,17 참조). 그것을 갈망하지 않으면 아무도 그것을 얻지 못하며, 그리스도에 의해서 지상에 파견된 성령의 불로 그 마음 깊은 곳까지 불이 붙은 사람 외에는 아무도 그것을 갈망하지 못한다.

이 때문에 사도는 이런 신비적 지혜는 성령에 의해 계시되었다고(1코린 2,10 참조) 말한다.

<해설>

이 건너감에서 다음이 나타난다.

- 포기하게 되다 - quod relinquantur	- 버리다 abbandonare, 놓다 lasciare - 쉬게하다 mettere a riposo

- 모든 지적 활동들 - omnes intellectuales operationes	- 모든 지성의 활동, 사색적인 노고, 인간의 일, 지적 사고의 증명하는 힘 - tutte le operazioni dell'intelletto, le fatiche speculative, l'industria umana, la forza probante delle considerazioni razionali
- 모든 사랑의 극치 - et apex affectus totus	- 이는 사랑의 다이아몬드가 지닌 끝이다. 즉, 애정의 풍요로움의 끝이고 깊은 내적 세계의 끝이다. - e la punta di diamante dell'amore, delle ricchezze affective, del mondo interiore profondo
- 넘어가게 되다 - transferatur	- 이동하고, 옮기고, 부여한다 - transferirlo, trasportarlo, investirlo
- 하느님 안에서 변하게 되다 - et trnasformetur in Deum	- 이렇게 하느님 안에서 변모한다. - cosi che si trasformi in Dio

모든 것은 신비롭고 감추어져 있다. 1.이것을 주는 이가 없으면 누구도 이해할 수 없다. 2.원하지 않으면 받지 못한다. 3.성령의 불꽃이 마음속 깊이 타오르지 않으면, 누구도 원하지 못한다(그러므로 1. 열망에 불을 붙이는 분은 성령이다; 2. 열망은 받는 능력을 주고, 건너감을 체험하게 한다; 3. 건너감을 경험하면 이해하게 된다).

5. 삼위일체 하느님께 기도

이런 상태에 대해서 본성은 무능하며, 우리의 재능도 할 일이 별로 없다. 따라서 탐구는 조금 하고 신심은 많이 하고, 담론은 조금 하고 내적인 기쁨은 많이 하고, 말하고 글쓰기는 조금 하고 하느님의 선물인 성령은 전적으로 집중하고, 피조물은 거의 생각하지 말고 창조적 본질이신 성부와 성자와 성령은 매우 중요하게 생각해야 한다.

그러므로 우리는 디오니시오와 함께 이렇게 말할 것이다. "모든 본질을 초월하고, 모든 신성을 초월하는 삼위일체 하느님이시여, 그리스도인의 신적 지혜를 완전히 아시는 삼위일체이시여, 우리를 신비적 담론의 꼭대기로, 즉 알려지지 않고 빛나며 최고 높은 곳으로 인도하소서. 그곳에 새롭고 절대적이며 형언할 수 없는 신학적 신비들이 지극히 밝은 안개의 어둠 속에, 비밀리에 가르치는 침묵의 어둠 속에 숨어 있나이다. 그곳의 어둠은 오히려 대단히 밝고, 대단히 빛나기에, 거기에서 만물이 빛을 받고, 그 어둠은 보이지 않는 지성체들을 보이지 않는 최고 재화의 광채로 완전히 채워 주시나이다".

우리는 이런 것들을 하느님께 말씀드린다. 이것은 디오니시오가 자기 친구에게 썼던 것인데, 우리는 그와 함께 말하고 싶다. "친구여, 그대는 신비적 환시들에 대해서 무사히 여정을 마쳤으니, 이제 감관들, 지성적 활동들, 감각적인 사물들, 보이지 않는 사물들, 존재하는 일체의 것들, 존재하지 않는 일체의 것들을 다 옆으로 치우게나. 이제부터 가능한 한, 학문하지 말고, 그대 자신을 되돌려 모든 본질과 모든 학문을 초월하시는 그분 자신과 하나 되는 일에 힘쓰게나. 이제 정화된 그대 영혼의 측량할 수 없고 절대적인 황홀경으로 그대 자신과 모든 것들을 철저히 넘어선다면, 그대는 모든 것을 떠나고 모든 것에서 풀려나 신적 어둠의 본질적 광채에 상승할 수 있을 걸세."

<해설>

건너감을 위한 내적 배치에 대해 그리고 그것이 어떻게 가능한가. 본성은 아무것도 할 수 없고 우리가 받은 것도 조금밖에 하지 못한다.

dare meno spazio 자리를 조금만 주다	E molto 자리를 많이 주다
- alla ricerca 연구/탐구	- alla pietà 신심
- ai discorci 논의/담론	- alla letizia interiore 내적 기쁨
- al parola e allo scritto 말과 글	- (tutto) al dono di Dio, allo Spirito santo 하느님의 선물, 성령
- alla creatura 피조물	- al creatore 창조주

여기서 보나벤투라는 「신비신학(De Mystica Theologia)」에 나오는 위-디오니시우스의 두가지 담론을 말한다. 기도는 찬란히 빛나는 침묵의 어둠 속에서 자신을 드러내는 하느님의 신비 안으로 우리를 인도한다. 그리고 모든 감각적이며 지성적인 활동을 멈추고, 심지어 자기 자신으로부터 벗어나 '신적 어둠'에 오르도록 초대한다. 이를 인용하면서 보나벤투라는 부정신학을 받아들인다. 신비적 언어는 빛나는 어둠 같은 모순적인 표현을 허락한다. 영혼의 수동성은 활동의 정점이고, 버림은 참된 자기 실현과 참 '나'로 되돌감이며, 신비적 어둠은 빛의 넘어감의 결과이다.

6. 사랑으로 죽다

만일 그대가 그런 일들이 어떻게 이루어지는지 내게 질문한다면, 교리에 묻지 말고 은총에 묻고, 지성에 묻지 말고 원의에 묻고, 정밀한 독서에 묻지 말고 기도의 한숨에 묻고, 스승에 묻지 말고 신랑에게 묻고, 인간에게 묻지 말고 하느님께 묻고, 밝음에 묻지 말고 안개에 묻고, 빛에 묻지 말고 모든 것을 태우고, 자비와 뜨거운 사랑의 열락으로 모든 것을 하느님 안으로 옮기는 불에 묻게나. 이 '불'이 하느님이고, 그의 '화로는 예루살렘에 있다'(이사 31,9 참조). 그리스도는 당신의 맹렬한 수난의 불로 화로에 불을 붙이는데, 그것을 참으로 인지하는 사람은 다음과 같이 말하는 사람뿐이다. "이런 고통보다는 숨이 막혀 버리기를, 차라리 죽음을 택하겠습니다"(욥 7,15). 이런 죽음을 사랑하는 사람은 하느님을 볼 수 있으니, "나를 본 사람은 아무도 살 수 없다"(탈출 33,20)는 말씀이 참이기 때문이다.

그러므로 어서 죽자. 어서 구름 속으로 들어가자. 근심 걱정, 고난, 감각적인 사물들에 대해서 침묵하자. 십자가에 달리신 그리스도와 함께 우리도 "이 세상에서 아버지께로"(요한 13,1) 건너가자. 성부를 본 후 필립보와 함께 이렇게 말하자. "더 바랄 것이 없겠습니다"(요한 14,8). 그리고 바오로의 말씀을 듣자. "너는 내 은총을 넉넉히 받았다"(2코린 12,9). 그리고 마지막으로 다윗과 함께 기뻐 뛰자. '이 몸과 이 마음 다한다 하여도, 내 마음의 바위, 나의 몫은 나의 하느님. 야훼, 이스라엘의 하느님이여, 영원한 찬미를 받으소서. 또한 억조 창생이 아멘, 알렐루야를 외치게 하소서(시편 72,26; 105,48 참조).'

여기서 하느님께 나아가는 정신의 여정이 끝난다.

<해설>

어떻게 하느님 안에서 이 길을 걸을 수 있는지 묻는 독자들에게 보나벤투라는 대답한다.

교리가 아니라 *non doctrinam*	은총에 *gratiam*	충분하다고 여겨서는 안 된다. *Ne forte credat quod sibi sufficiat*
지성이 아니라 *non intellectum*	원의에 *desiderium*	도유 없는 독서 *lectio sine unctione*
독서의 연구가 아니라 *non studium lectionis*	기도의 한숨에 *gemitum orationis*	신심 없는 사변 *speculatio sine devotione*
스승이 아니라 *non magistrum*	정배에 *sponsum*	감탄 없는 탐구 *investigatio sine admiratione*
인간이 아니라 *non hominem* 밝음이 아니라 *non claritatem*	하느님께 *Deum* 어둠에 *caliginem*	기쁨 없는 관찰 *circumspectio sine exultatione* 신심 없는 근면 *industria sine pietate,*
빛이 아니라 *non lucem*	모든 것을 태우며, 넘치는 성령의 감도와 가장 뜨겁게 타오르는 사랑으로써 하느님 안으로 옮기는 불에 *ignem totaliter inflammantem et in Deum excessivis unctionibus et ardentissimis affectionibus transferentem*	사랑 없는 지식 *scientia sine charitate* 겸손 없는 지혜 *intelligentia sine humilitate* 하느님의 은총이 없는 공부 *studium absque divina gratia* 하느님의 지혜가 비치지 않은 거울 *speculum absque sapientia divinitus inspirata"* (서언. 4)

제7장 인간 영혼의 탈혼: 지성은 휴식을 취하고 감성은 하느님께 완전히 사로 잡혀 그분 안에서 혼절한다

마지막 초대는 다음과 같다.

- 죽자
- 어둠의 구름 속으로 들어가자
- 근심, 욕망 그리고 환상에 침묵하자
- 십자가에 달리신 그리스도와 함께 이 세상에서 아버지께로 넘어가자
- 아버지를 뵈면 평화 속에 머물기 때문이다.
- 마지막으로 기뻐하고 찬미하자.

3부

이 글에 대한 몇몇 열쇠

1. 여정의 길

보나벤투라의 여정은 시작이며 잘 짜인 전개이고 끝이 있는 하나의 길이다. 이 길은 연구에서 발생하는 문제 해결을 위한 많은 지표, 놀라움, 기쁨과 어려움으로 인해 어찌 보면 '보물 찾기'와 비슷하다. 보나벤투라는 이 길에 삶의 상징이라는 전통적인 가치를 부여한다. 일반적 언어에서도 강하게 남아있는 상징, 예컨데 '그는 이 길을 선택했다', '그는 나쁜 길을 택했다' 등은 개인의 자유로운 선택을 강조하는 한편, '그길을 선택할 수 없는' 때에는 개인에게 중압감을 주는 제한적 형태로 나타난다.

그러므로 삶을 상징하는 길은 누구에게나 여러 가지 길과 다양한 실현 가능성, 그리고 완전한 반대, 즉, 누군가 선택할 수 있는 '어려움'과 '영광'을 보여준다. 과거와 현대의 성찰은 삶의 상징으로서 길이 갖는 매력을 결코 없애지 않는다.

- 몇몇 철학자들은 그 길을 '막다른 길'이라고 이해한다. 이는 말로 설명하기 힘들어서 타인에게 명확한 전달은 불가능하지만, 극적인 멈춤과 다른 것으로부터의 분리는 가능하다.

- 다른 이에게 이 길은 결과에 이르는 것이 불가능한, 빠져나올 수 없는 미로와도 같다. 이 연구의 결과는 망설임과 걱정, 그리고 무능력과 해결할 수 없음이라는 절망의 특징을 갖는다.

- 한편 고대로부터 '원격 제어'된 길이라는 뜻도 있다. 결과적으로 필연적 운명을 가졌기에, 이에 대항하는 것은 무의미하다. 왜냐하면, 어떠한 방식으로도 그 운명을 바꿀 수 없기 때문이다. 이 길은 방향을 정하고 순종해야 하는 운명의 나침반을 따른다. 또한, 그렇게 가게 해야 한다. 자율성의 가치와 자유 의지를 부정함은 억압된 자유와 미래가 이미 정해진 채 다른 이의 '손안에서' 존재적인 자

기인식을 한다.

- 또한 여기 삶의 발걸음을 '의미 있는' 그림이 아니라, 느낌을 표현하기에 불충분한 조각들의 연속이라고 보는 학파가 있다. '앞'과 '뒤'는 이 불연속성의 지평에서 결정되지 않는다. 이 길 위에서 언사들, 사실들, 사람들은 '판독하기 힘든 음절들'이다. 이들은 이해 가능한 같은 '알파벳'에서 나오지 않고, 오히려 번역할 수 없는 상형문자로 돌아간다.

- 보나벤투라가 우리에게 보여주는 길은 매우 명확하게 시작하며, 어디로 발걸음을 내디딜지 정확하게 증명하였다. 또한, 목표는 모든 과정 안에서 끊임없이 주목받았다. 조금씩 나아가면 이 길은 항상 우리에게 이미 다녀온 것처럼 잘 이해되도록 드러난다. 실제로 우리가 마주하는 상승의 길은 예수 그리스도로부터 우리에게 주어졌다. 그는 이미 '우리의 길'이고, 인성을 취함으로써 성부에게서 우리에게로 내려온 길이며, 땅에서 다시 하늘로 오르는 길이다. 이것이 보나벤투라가 보여주는 길이다. 이는 어둠의 사건들 속에서, 유실의 가능성 안에서, 끝이 보이지 않는 터널 안에서, 깎아지른 듯한 절벽 위에서, 피로의 굴곡 안에서, 빠져나올 수 없는 늪 안에서 이미 모든 어려움을 겪은 길이지만, 또한 감탄할 수 있는 놀라움 속에서, 걷고 있는 사람을 위한 나아감을 준비하는 내적 즐거움 안에서, 미래를 바라보며 갖게 된 어떤 기대에서, 과일을 맛보며 현재의 확실한 희망을 다루는 길이다. 보나벤투라의 길은 동시에 기쁘고 고통스러우며, 밝지만 모호하다. 그러나 이는 분명 힘들어도 영광의 길이다.

2. 여정의 노고

이 여정은 가능한 모든 능력, 즉 감각, 상상, 이성, 오성, 지성, 정신의 정점(sensus, imaginatio, ratio, intellectus, intelligentia, apex mentis)을 가진 인간의 전방위적 노력이다. 정신, 영혼 그리고 육체는 생명의 감각에 관한 연구와 연관이 있다.

감각은 인식의 시작이다(incipit a sensu). 이를 통하지 않으면 인식은 불가능하다. 이는 보나벤투라가 차용한 아리스토텔레스적 금언이다. 감각을 버리는 것은 인식과 지식을 버리는 것이다(amittere unum sensum est amittere unam scientiam). 감각적 인식은 무언가를 이해할 때 구체성과 명확성, 그리고 완전성을 준다(성 아우구스티누스는 촉각을 인식의 용어로 정의했다. 그래서 가장 완전한 인식이다: finis notionis, notio completissima). 오감을 통해 나타나는 각기 다른 표현 때문에 감각적 인식은 교향곡 같은 점이 있다. 그래서 오감의 조화는 각각이 연주한 선율을 모아 하나의 곡으로 변화시킨다.[11] 또한, 감각적 인식

---

11   영적인 것으로 변화된 감각들은 보나벤투라가 알던 아우구스티노의 작품 가운데 하나에 언급된다. 아우구스티노는 작품에서 감각기관 밖에서 하느님의 현존을 느끼는 것은 불가능하다고 말한다: "내가 당신을 사랑한다 일렀으니 대체 무엇을 사랑한다는 것이오니까? 그것은 몸의 고움이 아닙니다. 때의 아름다움이 아닙니다. 이 눈에 즐거운 빛살의 힘이 아니요, 온갖 노래의 달콤한 가락도 아니요, 꽃과 향유와 향료의 꽃다운 내음도 아닙니다. "만나"와 꿀도 아닙니다. 안아서 흐뭇한 몸뚱이도 아닙니다. 내가 하느님을 사랑한다 할 제, 이런 따위를 사랑하는 것이 아니오이다. 하오나 그 어느 빛, 그 어느 소리, 그 어느 음식과 포옹을 내가 사랑하고 있사오니 이는 곧 내가 하느님을 사랑할 때입니다. 나의 속에 있는 인간의 빛과 소리와 양내와 음식과 그리고 포옹, 내 영혼에 공간이 담지 못하는 것이 비치고, 시간이 앗아갈 수 없는 것이 소리하고, 불어도 흩어지지 않는 것이 향내 뿜고, 먹어도 줄지 않는 것이 만나고, 흐뭇해도 풀려나지 않는 것이 부둥키는 - 이것이 바로 하느님을 사랑할 때 내가 사랑하는 것입니다."(성 아우구스티노, 『고백록』, 10 ,6 ,8, 최민순 역, 성 바오로 출판사, 1965, 257-258.)
감각들에 대해 잘 드러내는 다른 단락을 언급한다. 여기서 감각들은 자신들을

은 개인의 매력, 열망의 크기, 이해와 성취를 위한 영구적인 개방을 강조한다. 더불어 감각은 인식 대상과 인식하는 이의 결합에서 나오는 즐거움을 선사한다. 사실, 일치로써 모든 인식이 이루어지고 이 일치는 즐거움을 준다(또는 즐거움의 반대나 즐거움의 환상을 준다). 감각적 인식의 만남은 깨달음에 즐거움을 준다. 이는 아리스토텔레스도 동의한 것이다. 스콜라 학자의 인식론에 의하면 "즐거움은 적절함을 지닌 적합성의 결합에서 일어난다(Delectatio fit ex coniunctione convenientis cum convenienti)." 즉, 즐거움은 두 대상과 그들 사이의 적합함이 결합될 때 발생한다. 마지막으로 감각적 인식은 신비를 향하는 가능하고 연속적이며 가능한 모든 인식보다 앞선다. 사실, 정보의 전달은 감각들 안에 있는 심연의 질문을 포함한다. 왜냐하면 감각적인 인식의 틀 안에서 이를 직관하기 때문이다. 감각들이 신비에 대해서 답을 내놓지 못하기에, 이어지는 인식적인 노력으로 넘어간다.

감각적 인식 이후 보다 내적인 인식의 방식이 뒤따른다. 이는 취득된 정보에 대한 보다 기술적인 처리 방식이다. '대우주'는 인간의 '소우주' 안으로 감각의 다섯 문을 통해서 들어가며, 이는 이성적 인식을 관장하는 추상, 투영, 법칙의 단계를 거친다. 한편, 자기 내부로 들어가는 입구를 열기 위해 '창조되지 않은 삼위일체'에 경외심을 갖는 '창조된 삼위일체', 즉, 기억, 지성, 의지를 찾게 된다. 사실 기억은 과거(기억으로), 현재(순

변화시키는 상처입은 신적 현존의 주체가 된다: "늦게야 님을 사랑했습니다. 이렇듯 오랜, 이렇듯 새로운 아름다움이시여, 늦게야 당신을 사랑했삽나이다. 내 안에 님이 계시거늘 나는 밖에서, 나 밖에서 님을 찾아 당신의 아리따운 피조물 속으로 더러운 몸을 쑤셔넣었사오니! 님은 나와 같이 계시건만 나는 님과 같이 아니 있었나이다. 당신 안에 있잖으면 존재조차 없을 것들이 이 몸을 붙들고 님에게서 멀리했나이다. 부르시고 지르시는 소리로 절벽이던 내 귀를 트이시고, 비추시고 밝히시사 눈멀음을 쫓으시니, 향내음 풍기실 제 나는 맡고 님 그리며, 님 한번 맛본 뒤로 기갈 더욱 느끼옵고, 님이 한번 만지시매 위없는 기쁨에 마음이 살라지나이다."(성 아우구스티노, 『고백록』, 10 ,6 ,8, 283-284쪽)

간의 정보를 취합하면서), 미래(예견과 실행 가능성을 지니면서)를 결합하기에, 영원성과 매우 유비적인 관계를 갖는다. 지성은 끊임없이 대상과 인식을 비추는 등대이다. 사실, 지성은 심화, 새로운 길의 준설, 새로운 진리의 발견 또는 같은 진리에 대한 보다 심오한 통찰의 연속성 안에서 다른 인식들을 종합한다. 의지는 언제나 좋아하는 대상을 향하고(pondus inclinans), 본질에서 자신과 타자에게 올바른 것을 만들어야만 하며, 보이는 (또는 보인다고 믿는) 선善 때문에 날마다 방향이 정해지는 바로 나 자신이다. 이제 이 창조된 삼위일체는 비교할 수 없는 위대함을 우리에게 보여준다. 이로써 우리는 한 인간이 된다. 이러한 점에서 하느님의 '모상(imago)'인 우리의 존재는 빛을 통해 상승하여 '유사함(similitudo)'이 된다. 또한, 우리가 삼위일체 하느님을 우리의 신비로운 내적 세상에 모실 때, 창조주를 우리의 연약함 안에 받아들이게 되며, 동시에 인간의 몸은 천국이 된다.

3. 연구의 노고

보나벤투라의 여정은 놀라운 연구에 대한 자신의 엄청난 노력을 보여준다. 이는 단지 앞에서 다룬 단계뿐만 아니라 우리 밖에 있는 인식의 '대상'에 대한 연구이다. 사실, 모든 대상은 우리와 연관이 있고, 연관되는 것을 '지닌다'. 감각은 우리의 존재가 근본적으로 열려있음을 보여주는 상징이다. 감각을 통해서 세상이 우리 안으로 들어온다. 반면에 우리는 어떻게 해서든지 우리 자신에게서 나와 다른 대상들과 만나려고 한다 (감각의 내적 수용과 외적 발출 intussuscipientes e extramittentes). 우리 밖의 모든 것은 우리가 그들을 이해하기 바란다.

세상은 무엇인가? 우리는 획일적이고, 외부적이고, 비본질적인, 단순한 대상들 가운데 무엇과 함께 살아야 하는가? 또, 소우주에 대해 유비적인 우주, 그것이 나인가? 한편, 나는 나 자신 안에서 종합적이고 상대적인 방식으로 적합하며, 알 수 있고, 유용한 측면들을 찾는가? 그리고 하느님? 하느님은 오직 제일 원인 즉, 그리스도교 계시를 알지 못하는 철학자들의 부동의 동인인가? 아니면 (육화를 통해 세상의 언어를 배움으로써) 인간의 언어로 하느님의 말씀(parola)을 선포한 말씀(Verbo)이신 아들 예수 그리스도 안에서 드러나고 계시되는, 스스로에 대해 말씀하시는 하느님인가? 계시는 드러나는 동시에 신비인가? 계시에서 오직 '말하다' 만 있는가 아니면 '주다'도 있는가? 계시를 단지 직관만 하는가, 아니면 만질 수 있는가?

4. 작품 안에서 철학의 역할

『하느님께 나아가는 정신의 여정』은 상승의 여섯 장을 시작하는 제목이며 초정신적인 넘어감(supermentales excessus)으로 이끄는 고된 사변적 노력 안에서 철학의 역할을 분명하게 보여준다. 사변(de speculatione)[12]은 상승의 여섯 장을 안내하고 명명한다. 이성이 계속 기도의 바다에 빠져들고 신비의 정점에 들어가기 때문에 여정을 철학적 작품으로 간주한 학자들은 실망하였다. 철학자 코르비노Corvino는 이 작품을 영적인 것으로 생각하는 것이 더 논리적일 것이라고 말한다. 작품으로 들어가면, 철학적 연구는 왕성하고, 사변적 논점은 높은 단계를 향한다. 간단히 말해 보나벤투라에게 사유란 높은 학문적 견지에서 자연스럽게 영성의 논거들을 다루는 것이다.[13] 이 작품의 3장에서 철학의 역할이 구체적으로 드러난다.

---

12 편집자 주: 원문에서는 '관조'로 번역하고, 해설에서는 주로 '바라봄'으로 번역하였다. 하지만 이 부분에서는 의미의 연결을 위해 '사변'으로 번역한다.
13 Cf. Francesco Corvino, 『Bonaventura da Bagnoregio francescano e pensatore』, Saggi 53, Dedalo libri, Bari 1980, 343.

여기서 말하길, "영혼이 하느님의 모상이 되게 하는 자기의 세 가지 능력들을 통해서, 하나이며 셋인 제일 원리에 대한 사변적 인식에, 학문의 여러 빛이, 영혼을 완전케 하며 통합시키는 학문의 여러 빛이 '도움'이 되며, 세 가지 방법으로 복되신 삼위일체 하느님을 표현해 준다."(하느님께 나아가는 정신의 여정3,6). 철학의 역할은 돕다(iuvare)라는 동사, 빛(lumina)이라는 명사, 그리고 완전하게 하다(perficere)와 알리다(informare)로 묘사된다. 이렇게 철학은 완전함을 주고 인간 정신을 가르치는 다양한 빛을 지닌 협조자이다. 사실, 모든 철학적 학문은 영원한 법으로부터 우리의 정신으로 내려오는 빛과 광선 같기에 확실한 법칙과 무류성(regulae certae et infallibiles)을 지닌다.[14] 이에 고유한 빛을 지닌 철학은 영원한 빛을 향하는 탁월한 안내자이다. 플라톤과 스토아학파의 영향을 받은 아우구스티노에 의해 세 개로 갈라진 자연적, 이성적, 윤리적 철학의 삼중 표현은 풍부한 상징적 가치로 삼위일체를 언급한다.[15] 그래서 정신이 초월을 통해 자신의 온전한 가치를 얻게 되는 것이다. 사실, 다음 단계에서 다른 신학적 덕행의 이 철학의 빛에 더해지는 것을 볼 것이다. 그리고 이어지는 상승의 단계들로 나아가면서, 철학이 전해주는 빛으로 인해 더 큰 빛이 된다. 이러한 맥락으로 우리는 이 작품에서 "철학자이며 신학자인 보나벤투라는 신비가가 되었고"[16] 한 신비가가 철학자이며 동시에 신학자로 계속 남아있다

---

14 하느님께 나아가는 정신의 여정 3,7: "우리의 정신이 장님이 되지 않을 만큼 수많은 광채로 흠뻑 빛을 받아, 자신을 통하여 영원한 빛을 관상하도록 인도되고 있다."
15 "자연적 철학은 존재의 원인을 다루고 있기에 우리를 성부의 '권능'으로 이끌어 주고, 이성적 철학은 인식의 근거를 다루고 있기에 우리를 '말씀의 지혜'로 이끌어 주고, 윤리적 철학은 삶의 규정을 다루고 있기에 우리를 '성령의 선성'으로 이끌어 준다."(하느님께 나아가는 정신의 여정 3,6). 다른 부분에서도 세 부분으로 나누어진다.
16 FRANCESCO CORVINO, 『Bonaventura』, 155.

고 말할 수 있다.

이 작품은 종종 중세 신비주의의 걸작으로 평가된다. 보나벤투라는 우리가 멈추어서 자기 사상을 탐구하기를 열망했다. 보나벤투라는 신비를 통해 무엇을 의도하는가? 너무 많은 해석이 그가 의도한 통일성과는 반대로 작품을 세분하면서 지혜로운 그림의 단일성을 훼손하였다. 여정의 신비는 신들 가운데 하느님을(il Dio degli dei/ the God of gods) 볼 수 있는 숭고한 산에 도달하는 것이 아니라, 산을 조금씩 조금씩 오르는 것이다 (gradatim ascendendum 1,8). 다시 말해, 진리를 숙고하며 하느님의 산에 닿기까지 점진적으로 오르고 또 오르는 것이다.[17] 보나벤투라의 신비주의는 진리의 광경(spectacula veritatis)에 대해 이성(ratio)이 이끄는 연구 결과들을 배제하거나 - 제멜리Gemelli는 이를 "신비적 지성체"라고 정의한다[18] - 육체의 실체, 대우주가 인간 본성의 소우주 안으로 들어오는 통로인 감각들을 통한 연구를 완전히 멈추지 않는다 - 이를 두고 영적인 감수성을 가져다주는 세 가지 신학적 덕행들로 인해 영적으로 변화하는 감각들을 "느끼는 것의 신비"라고 말할 수 있다. 감각들은 최고선의 즐거움(fruitio summi boni) 안에서 활동이 왕성해진다(1,1).[19] 보나벤투라의 신비는 결코 '세상을 벗어남'이나 '세상을 멸시함'이 아니라, 오히려 세상을 통한 즐거운 넘어감(gaudioso transitus per mundum), 즉, 흔적을 통한 건너감이(transire per vestigia) 여

---

17 동일한 단락에서 보나벤투라는 상승의 단계들을 정리하며, 그 연구가 담고 있는 주장으로 돌아간다. 첫째는 기도, 둘째는 거룩한 삶, 마지막은 진리의 탐구. "첫째, 우리는 기도해야 하고, 둘째 거룩하게 살아야하고, 셋째 진리를 탐구해야 한다(1,8)."
18 AGOSTINO GEMELLI, 『Il francescanesimo』, Milano, 1932, 459.
19 "사실 동일한 결론에서, 보는 것, 듣는 것, 적게 오는 것이 흡수라 생각한다고 말한다, 7,6; 568, 감각들은 그 활동을 멈추지 않고, 전적으로 확장한다. 독백(Soliloquium)은 천상에서 감각들의 기능에 대해 언급한다. "모든 감각은 각각 활동하고 있다" 4, 20. Cf. S. BONAVENTURA, 『Opere. Opuscoli spirituali』, Città nuova XIII, 1992, 190. 이 문제에 대한 참조: FABIO MASSIMO TEDOLDI, 『La dottrina dei cinque sensi spirituali in san Bonaventura』, Pontificium Athenaeum Antonianum, Roma 1999.

정을 시작하는 두 개의 장이 된다. 그리고 신비적 상승의 첫 단계에서, 피조물을 통해, 그리고 피조물 안에서(per vestigia, in vestigiis) 하느님을 바라본다는 것은 이미 하느님께 오르는 것이고, 이미 하느님과 함께 있는 것이다.

서언은 다른 것을 강조하는데, 이미 영적 여정을 시작하기 위해 주어진 두 가지 도구를 언급한다. 세련된 지적인 능력 곁에 '친밀한(cordiale)'으로 정의내릴 수 있는 두 번째 능력이 있다. 이 정의는 두드러지게 '지적인(intellettuale)' 첫 번째 능력과 연관이 있다. 또한 사용된 언어들에 대한 비평은 사변적인 행위를 구성하는 다음의 요소들로 우리를 이끌지 못하는 것이 아니다. 독서, 사변, 탐구, 관찰, 근면, 지식, 지혜, 공부, 거울(lectio, speculatio, investigatio, circumspectio, industria, scientia, intelligentia, studium, speculum). 하지만 저자가 우리에게 경고하는 것처럼, 비록 그것이 사실일지라도, 세련된 능력은 다음의 것들 없이는 가치가 거의 없다. 도유, 신심, 감탄, 기쁨, 신심, 사랑, 겸손, 하느님의 은총, 하느님의 지혜(unctione, devotione, admiratione, exsultatione, pietate, caritate, humilitate, divina gratia, sapientia divinitus inspirata) (Prol.4). 또한 이들은 필수적이며 대체 불가능하다. '감성적' 도구에 지적 유산을 잇는 것은 지성에서 사랑을 분리할 수 없는 '연구의 대상'에 접근하기 위해 필요하다. 이는 경탄에서 환희로 나아가고, 내적 관계에서 실천적 사랑(caritas)을 통해 지식에 실현하길 바라는 마음으로 나아가는 전형적인 두 가지 인식의 표현을 지닌다. 즉, 마음의 이해가 더해진 철학적 고찰이자 사랑의 학문이다.